Gene Edwards

DER STOFF, AUS DEM KÖNIGE SIND

Gene Edwards

Der Stoff, aus dem Könige sind

Über Macht, Ohnmacht und Vollmacht

LEUCHTER EDITION

Leuchter Edition GmbH · Erzhausen

Titel der Originalausgabe: A tale of three Kings
Übersetzung: Franziska Dallmann
Bearbeitung zur 2. Auflage: Ingo Schreurs
Umschlaggestaltung: Bonnert Werbegrafik

3. Auflage 2004

Tyndale House Publishers, Inc.
Wheaton, Illinois

ISBN 3-87482-210-9

Leuchter Edition GmbH
Postfach 1161 · 64386 Erzhausen
E-Mail: verlag@leuchter-edition.de
Internet: www.leuchter-edition.de

Gesamtherstellung:
Schönbach-Druck GmbH, 64390 Erzhausen

WIDMUNG

Dieses Buch widme ich allen Christen, die an autoritären Gruppierungen zerbrochen sind oder Schaden genommen haben und nun Trost, Heilung und Hoffnung suchen. Mögen sie wieder heil werden und mit Dem vorangehen, der Freiheit bedeutet.

Gleichzeitig ist dieses Buch denen gewidmet, die in schmerzlicher Weise innerhalb ihrer Gemeinschaft Spaltungen erlebten oder gerade erleben. Möge diese Erzählung Licht, Klarheit und Zuspruch bringen. Und mögen auch sie heil werden und mit Dem weitergehen, der Frieden bedeutet.

Und mögen beide so vollständig wiederhergestellt werden, daß sie immer noch dem Ruf dessen folgen können, der alles verlangt, weil er selbst alles ist.

VORWORT ZUR ZWEITEN AMERIKANISCHEN AUFLAGE

Beim Schreiben dieses Buches ahnte ich nicht, daß es zwei oder drei Auflagen erleben würde. Ich hatte die Zahl am Boden zerstörter Christen völlig unterschätzt. Das Buch war ursprünglich ausgerichtet auf eine kleine Schar Christen, die an der autoritären Bewegung Schaden genommen hatten. Es hat jedoch ein viel breiter gefächertes Publikum Interesse an diesem Buch gefunden. Diese sind überwiegend Christen, die unter Gemeindespaltungen und direkten Konfrontationen von „Christ zu Christ" gelitten haben.

Die Akzeptanz, die dieses Buches erfuhr, hat mich überrascht. Es grenzt fast an ein Wunder, wie viele Pastoren und Mitarbeiter im Reich Gottes dieses Buch in großen Stückzahlen bestellt haben, um es an ihre

Mitchristen weiterzugeben. Aus meiner Überraschung wurde Erstaunen, als ich erfuhr, daß öffentlich von Kanzeln daraus vorgelesen und sogar Theaterstücke inszeniert wurden. Offensichtlich gibt es in der Christenheit ein großes Maß an Verletzung, die bisher wenig Beachtung oder Hilfe erfahren hat. Mein Wunsch ist, daß das vorliegende Buch diesen Bedürfnissen gerecht wird.

VORWORT

Mit welcher Absicht und zu welchem Zweck wurde dieses Buch geschrieben?

Für die Antwort könnte man möglicherweise meinen Briefträger verantwortlich machen. Aus irgendwelchen, mir unerklärlichen Gründen erhalte ich Briefe von Christen aus der ganzen Welt. Vor einigen Jahren befanden sich darunter in zunehmendem Maße Briefe von Christen, die in autoritär geprägten Gruppierungen Schaden genommen hatten. Daraufhin setzte eine Reaktion auf solche totalitären Konzepte ein. Ein Massenexodus begann. Die Berichte dieser geistlichen Flüchtlinge waren oft in höchstem Maße erschreckend und manchmal kaum zu glauben. Ich bin mir nicht sicher, ob es die Lehre selbst ist, die solch ein verheerendes Massaker anrichtet, oder aber ob es die ungezügelte Ausübung dieser Lehre ist. Wie auch immer, in meinen über dreißig Jahren als Pastor habe ich nichts anderes gesehen, das so vielen Gläubigen in so tiefgehender Weise geschadet hätte. Ich habe den Eindruck, daß solche Zerstörung überall in der Welt angerichtet wird, und nur wenige Christen erholen sich wieder davon.

Dieses Buch spiegelt meine Sorge um die zahllosen Christen wider, die in ihrer Verunsicherung und Bitterkeit geistlich gesehen Schiffbruch erlitten und jetzt zaghaft nach dem kleinsten Hoffnungsschimmer Ausschau halten.

Diese starke Betonung auf Unterordnung und Autorität in den Kreisen bibelgläubiger Christen ist eine ziemlich neue Entwicklung, so daß es nur wenig Literatur gibt, die ein Gegengewicht herstellen oder die Folgen abmildern könnte. Trost oder Rat für diese am Boden liegenden Christen gibt es in gedruckter Form nur in sehr geringem Umfang. Dieses Buch wird, das ist meine Hoffnung, die Not ein klein wenig lindern helfen. Ehrlich gesagt, ist das einzige andere empfehlenswerte Buch in dieser Hinsicht meiner Meinung nach George Orwells kleiner Klassiker *„Die Farm* *der Tiere".* Ich empfehle jedem meiner Leser, dieses Buch ebenfalls zu lesen.

Eines soll dieses Buch jedoch auf gar keinen Fall sein: zusätzliches Kanonenfutter zur Beseitigung persönlicher Gegner. Auf derartig barbarische und rücksichtslose Methoden wollen wir doch verzichten. Dieses Buch soll vielmehr dem einzelnen zur Heilung dienen und Stoff zum Nachdenken liefern.

Gene Edwards

„Sie haben Könige gemacht, aber nicht von mir aus; sie haben Fürsten eingesetzt, und ich wußte es nicht (Hosea 8,4)".

PROLOG

Gott, der Allmächtige und Lebendige, wandte sich an Gabriel und sprach:

„Geh, nimm diese zwei Anteile meines Seins. Es warten zwei Auserwählte. Jedem der beiden sollst du einen Anteil von mir selbst geben."

Mit den beiden leuchtenden, pulsierenden Lichtern des Lebens in den Händen öffnete Gabriel die Tür zum Reich zwischen zwei Universen und begab sich in den Raum für die zum Leben Auserwählten.

„Ich habe hier zwei Anteile des Wesens Gottes. Der erste ist der Stoff, aus dem sein Wesen besteht. Wenn du darin eingehüllt bist, fühlst du dich wie mit dem Odem Gottes bekleidet. Sein Odem wird dich umhüllen wie Wasser den umgibt, der sich im Meer aufhält. Mit diesem *Atem, der dich bekleidet,* wirst du seine Macht haben

– Macht, Armeen zu unterwerfen, die Feinde Gottes zu besiegen und sein Werk auf Erden zu vollbringen. Hier ist das Geschenk der Kraft Gottes. Hier ist das Eingetauchtsein in den Geist."

Ein Auserwählter trat vor: „Dieser Anteil Gottes ist für mich bestimmt."

„Wie wahr", sagte der Engel. „Und denke daran, wer solch großes Maß göttlicher Kraft erhält, wird von vielen gekannt werden. Noch ehe dein Erdenleben beendet ist, wird dein wahrer Charakter bekannt, ja mit Hilfe dieser Kraft *geoffenbart* werden. Das ist das Los all derer, die in diesem Element leben und weben. Es rührt nur den äußeren Menschen an und beeinflußt den inneren Menschen in keinerlei Weise. Der Besitz äußerer Macht enthüllt immer die inneren Kraftquellen eines Menschen oder aber seinen Mangel an ihnen."

Der erste Auserwählte erhielt seinen Anteil und trat zurück.

Gabriel sprach noch einmal.

„Ich habe hier das zweite Wesenselement des lebendigen Gottes. Es handelt sich hierbei nicht um ein Geschenk, sondern um ein Erbteil. Ein Geschenk hüllt den äußeren Menschen ein. Ein Erbteil dagegen wird tief in den Menschen hineingepflanzt – wie ein Samenkorn. Selbst wenn dieses Samenkorn klein ist, wächst es doch und macht mit der Zeit den ganzen inneren Menschen aus."

Ein weiterer Auserwählter trat vor. „Ich glaube, daß dieses Wesenselement für mein Erdendasein bestimmt ist."

„Das ist wahr", sagte der Engel. „Was du erhalten hast, ist etwas Herrliches – nämlich das einzige Wesenselement im ganzen Universum, das das menschliche Herz zu verändern vermag. Und selbst dieses Wesenselement Gottes kann nur dann seine Aufgabe erfüllen und wachsen und dein ganzes inneres Sein ausfüllen, wenn es gut durchmischt wird mit reichlich Schmerz, Leid und Zerbrochenheit."

Der zweite Auserwählte erhielt seinen Anteil und trat zurück.

Neben Gabriel saß der Aufzeichnende. Pflichtgetreu trug er die Angaben über die zwei Ausersehenen in sein großes Hauptbuch ein.

„Und wer werden diese zwei Ausersehenen sein, wenn sie sich ins sichtbare Universum hineinbegeben?" fragte der Aufzeichnende.

Da antwortete Gabriel leise: „Beide werden einmal König sein – jeder zu seiner Zeit."

TEIL I

KAPITEL 1

Den Jüngsten in einer Familie kennzeichnen zwei Merkmale: Er gilt als verwöhnt und unbedarft. Meist erwartet man nicht viel von ihm. Er weist deshalb weniger Führungsqualitäten auf als seine Geschwister. Er geht niemals voran, er folgt nur, denn er hat keinen jüngeren Bruder, an dem er Führungseigenschaften erproben könnte.

So ist es heute, so war es vor dreitausend Jahren in einem Dorf mit Namen Bethlehem. Dort lebte eine Familie mit acht Jungen. Die sieben ältesten Kinder von Jesse arbeiteten in der Nähe des väterlichen Anwesens. Der jüngste Sohn wurde ins Gebirge geschickt, wo er die kleine Schafherde weiden sollte.

Auf diesen Ausflügen trug der Junge immer zwei Dinge bei sich: eine Schlinge und ein kleines gitarrenähnliches Instrument. Die Schafhirten hatten auf den fruchtbaren Gebirgsebenen, wo die Schafe tagelang auf abgelegenen Wiesen grasen konnten, viel freie Zeit. Doch als aus den Tagen Wochen wurden, plagte den jungen Mann die Einsamkeit. Das Gefühl, ohne Freunde zu sein, wurde übermächtig und quälte ihn. Er weinte oft und spielte häufig auf seiner Harfe. Da er eine gute Stimme besaß, sang er oft. Wenn auch das ihn nicht zu trösten vermochte, sammelte er Steine und zielte damit auf Bäume.

Wenn er keine Steine mehr hatte, lief er zu dem Baum, der als Ziel gedient hatte, und sammelte die Steine wieder auf. Dann suchte er sich einen noch weiter entfernt gelegenen Baum als Zielscheibe aus.

So focht er viele einsame Kämpfe aus.

Der singende Hirte und Steinewerfer liebte seinen Herrn. Nachts, wenn alle Schafe schlummerten und er ins glimmende Feuer starrte, pflegte er oft über die Saiten seiner Harfe zu streichen und ein einsames Konzert anzustimmen. Dann sang er die alten Glaubenslieder seiner Vorfahren. Während er unter Tränen sang, brach aus seinem Gefühl der Verlassenheit ein Lob hervor, das in den Tälern und auf den Hügeln widerhallte und an Gottes Ohr drang.

In den Zeiten, in denen er nicht Gott lobte und nicht vor Gott weinte, kümmerte er sich um jedes einzelne seiner Lämmer. Und wenn er nicht mit der Herde beschäftigt war, dann griff er zu seiner Schleuder, legte Steine hinein und zielte immer wieder, bis kein einziger Stein sein Ziel verfehlte.

Als er wieder einmal unter freiem Himmel aus voller Kehle vor Gott, den Engeln und seinen Schafen sang, sah er sich plötzlich einem realen Feind gegenüber: einem Bären! Der Bär stürzte schnaubend auf ein kleines Lamm, das gerade im saftigen Gras weidete. Der junge Hirte und der Bär blieben auf halbem Wege stehen und sahen einander an. Während der junge Mann instinktiv in seiner Tasche nach einem Stein suchte, stellte er erstaunt fest, daß er keine Angst hatte.

Da stürzte auch schon der Bär wie ein brauner Blitz auf mächtigen Beinen wutschnaubend auf ihn zu. Ohne zu zögern legte der Junge den Stein in die Schlinge und schleuderte ihn treffsicher in Richtung seines Gegners.

In einem Augenblick zum Mann gereift, hob er das Lamm empor und sagte beschwichtigend: „Ich bin dein Hirte, und Gott ist mein Hirte."

Bis lange in die Nacht hinein verarbeitete er das Erlebte zu einem neuen Lied. Dieser Lobgesang erschallte in die Nacht hinaus, bis Melodie und Worte jedem Engel bekannt waren. Die Engel ihrerseits wachten über dieses wundersame Lied. Es wurde weitergereicht durch alle Zeitalter hindurch und heilte in allen Generationen Menschen mit zerbrochenem Herzen.

KAPITEL 2

Aus weiter Entfernung lief jemand auf ihn zu. Als die Gestalt näher kam, erkannte er seinen Bruder.

„Lauf los!" rief sein Bruder ihm entgegen. „Lauf so schnell du kannst. Ich werde auf die Herde aufpassen."

„Warum?"

„Zu Hause sitzt ein alter Mann, ein Weiser. Er will alle acht Söhne Jesses sehen. Du bist der einzige, den er noch nicht gesehen hat."

„Aber weshalb?"

„Lauf!"

David lief los. Er gönnte sich nur wenige Pausen, um Atem zu holen. Der Schweiß lief ihm die geröteten Wangen herunter. Dann erreichte er das Haus seines Vaters. Er trat ein und blickte in die Runde der dort Versammelten.

Auf den alten Mann mit den forschenden Augen wirkte der jüngste Sohn Jesses groß und stark. Die eigene Familie dagegen erkennt auch bei näherer Betrachtung nicht immer, wenn jemand erwachsen geworden ist. Der alte Mann jedoch erkannte es. Da war noch etwas: Er wußte, was Gott wußte.

Gott hatte in allen Häusern des Königreiches nach etwas ganz Besonderem Ausschau gehalten. Der allmächtige Gott hatte dabei festgestellt, daß dieser rauhe Sänger seinen Herrn von reinerem Herzen liebte als alle anderen Menschen im ganzen heiligen Land Israel.

„Knie nieder", sagte der Bärtige mit dem langen grauen Haar. Für einen jungen Mann, der so etwas noch nie zuvor getan hatte, kniete er mit fast königlicher Würde nieder. Dann spürte er, wie Öl auf sein Haupt gegossen wurde. Irgendwie kam ihm aus Kindheitstagen ein Gedanke in Erinnerung: „So wird doch jemand zum König gemacht! Soll ich etwa ... zum König gemacht werden?"

Die hebräischen Worte waren unmißverständlich. Jedes Kind kannte sie.

„Siehe, der Gesalbte des Herrn!"

Welch ein Tag im Leben eines jungen Menschen! Sonderbar, daß dieses bemerkenswerte Ereignis den jungen Mann nicht direkt auf den Thron führte, sondern in eine lange Zeit voll von höllischen Qualen und Leiden. An jenem Tag wurde David nicht in die königliche Linie eingeführt, sondern in die Schule der Zerbrochenheit

Samuel ging nach Hause. Die Söhne Jesses zogen alle bis auf einen in den Krieg. Der jüngste Sohn war noch nicht reif für den Krieg, stieg aber im Hause seines Vaters auf – vom Hirtenjungen zum Laufburschen. Seine neue Aufgabe bestand darin, seinen Brüdern an vorderster Front Lebensmittel zukommen zu lassen. Das tat er regelmäßig.

Auf einem dieser Wege tötete er wieder einen Bären, und zwar genauso, wie er den anderen getötet hatte, doch dieser Bär war drei Meter groß und menschlich. Als Folge dieser ungewöhnlichen Leistung wurde David zum Nationalhelden.

Und schließlich gelangte er an den Hof eines verrückten Königs. Unter Umständen, die so verrückt waren wie der König selbst, lernte der junge Mann viele lebensnotwendige Dinge.

KAPITEL 3

David sang dem verrückten König Lieder. Das tat er oft. Die Musik schien dem alten Mann gutzutun. Und wenn David sang, hielten auf den Korridoren des königlichen Palastes alle inne, wandten sich den königlichen Gemächern zu und lauschten verwundert. Wie kam ein so junger Mann dazu, solche wunderbaren Worte zu wählen und solch wunderbare Musik zu komponieren?

Ein Lied schien ganz besonders beliebt zu sein. Es handelte von einem kleinen Lamm. Menschen und Engel liebten dieses Lied.

Trotz allem war der König verrückt, und weil er verrückt war, war er eifersüchtig. Oder war es umgekehrt? Der König fühlte sich so oder so von David bedroht, so wie es eben Königen oft ergeht, wenn sie einen allseits beliebten, vielversprechenden jungen Mann unter sich haben. Der König wußte, wie David auch, daß dieser junge

Mann ihn eines Tages als König ablösen würde.

Aber würde David den Thron auf rechtem oder unrechtem Wege besteigen? Eben das wußte Saul nicht. Und unter anderem war es diese Frage, die den König verrückt machte.

David befand sich in einer sehr unglücklichen Position, und doch schien er innerhalb seiner Möglichkeiten ein tiefes Verständnis für das sich auftuende Drama zu haben, in dem er eine Rolle spielte. Er schien etwas zu verstehen, das selbst die erfahrensten Männer seiner Tage kaum verstanden, etwas, das selbst in unseren Tagen, in denen man noch weiser geworden ist, von noch weniger Menschen verstanden wird.

Und was war das?

Gott suchte nach etwas, das er nicht fand und das er sich so sehr ersehnte: Menschen, die vor Schmerz nicht zurückschrecken.

Gott suchte ein zerbrochenes Gefäß.

KAPITEL 4

Der verrückte König betrachtete David als persönliche Bedrohung für das Königreich des *Königs.* Er wußte offensichtlich nicht, daß es Gottes Sache ist, darüber zu befinden, welches Königreich welche Bedrohung überlebt. Und weil Saul das nicht wußte, tat er, was alle verrückten Könige tun. Er warf Speere, um David an die Wand zu spießen. Das konnte er tun. Schließlich war er ja König. Könige können so etwas tun. Und das tun sie auch fast immer. Könige beanspruchen für sich das Recht, Speere zu werfen. Alle Menschen wissen nur zu gut, daß ein König das Recht dazu hat. Woher wissen sie das? Weil der König es ihnen sehr, sehr oft gesagt hat.

War es möglich, daß dieser verrückte König der *wahre* König war, ja der Gesalbte des Herrn?

Wie steht es mit deinem „König"? Ist er der Gesalbte des Herrn? Vielleicht ist er es. Vielleicht auch nicht. Das kann man nie wirklich genau wissen. Man meint es zu wissen, sich sogar dessen sicher zu sein. Man ist es aber nicht. Wir wissen es nicht. Gott allein weiß es. Und *er* verrät es nicht.

Wenn dein „König" wirklich der Gesalbte des Herrn ist, und wenn auch *er* Speere wirft, dann gibt es einige Dinge, die man mit absoluter Sicherheit sagen kann:

Dein König ist vollkommen verrückt.

Und: Er ist König nach der Art König Sauls.

KAPITEL 5

Gott unterhält eine Hochschule. Es handelt sich um eine kleine Schule. Wenige schreiben sich ein, noch weniger machen ihren Abschluß. Sehr, sehr wenige sogar.

Gott mußte eine solche Schule einrichten, weil er keine Menschen fand, die „zerbrochenen Herzens" sind. Statt dessen hat er viele andere Arten von Menschen. Er hat Menschen, die von sich behaupten, in der Autorität Gottes zu stehen, es aber nicht tun; Menschen, die von sich behaupten, ein zerbrochenes Herz zu haben, es aber nicht haben; und Menschen, die wirklich in der Autorität Gottes stehen, aber verrückt sind *und* kein zerbrochenes Herz haben. Und dann gibt es bedauerlicherweise auch noch alle nur denkbaren Mischformen. Von all diesen hat er reichlich; aber Menschen, die wirklich ein zerbrochenes Herz haben, findet er nur wenige.

Weshalb nur gibt es so wenige Schüler in dieser Schule, in der man lernt, sich mit der Gesinnung eines zerbrochenen Herzens unterzuordnen? Weil hier alle Schüler viel Schmerz zu erleiden haben. Und vielleicht hast du es erraten: Schmerzen werden oft (nach Gottes souveränem Plan) von dem Herrscher verursacht, der kein zerbrochenes Herz hat. David war einmal ein Schüler dieser Schule, und Saul war der von Gott erwählte Weg, um David zu zerbrechen.

In dem Maße, wie Saul an Verrücktheit zunahm, wuchs David an Erkenntnis. Er wußte, daß Gott ihn in den Palast des Königs gestellt hatte, und zwar unter echter Autorität und Vollmacht.

Die Autorität König Sauls – *echt?* Ja, von Gott gewollt, *für David gewollt.* Die Autorität eines „unzerbrochenen" Herzens zwar, doch von Gott bestimmt.

So etwas *ist* möglich.

David holte tief Luft, unterstellte sich seinem verrückten König und machte sich auf den Weg, auf dem er die Hölle auf Erden erlebte.

KAPITEL 6

David hatte eine Frage: Was kann man tun, wenn jemand einen Speer nach einem wirft?

Seltsam, daß David auf diese Frage keine Antwort hatte. Schließlich weiß doch jeder, was zu tun ist, wenn jemand einen Speer auf einen wirft. Man nimmt ganz einfach den Speer und wirft ihn zurück!

„Wenn jemand mit dem Speer nach dir wirft, David, dann zieh ihn aus der Wand hinter dir heraus und wirf ihn zurück. Das würde jeder tun, da kannst du sicher sein."

Indem du dieses kleine Kunststück fertigbringst und den Speer zurückwirfst, beweist du vieles: Du bist mutig. Du stehst für Gerechtigkeit ein. Du wehrst dich gegen Unrecht. Du bist zäh und läßt dich nicht herumschubsen. Du duldest keinerlei Ungerechtigkeit oder unfaire Behandlung. Du bist der Verteidiger des Glaubens, der Hüter der Flamme. Du entlarvst falsche

Lehren. Du duldest nicht, daß dir Unrecht widerfährt. Diese Eigenschaften zusammengenommen beweisen, daß auch du offensichtlich ein geeigneter Kandidat für die Königsherrschaft bist. Ja, vielleicht bist *du* ja der Gesalbte des Herrn.

Nach der Art eines König Saul.

Auch besteht die Möglichkeit, daß *du* ungefähr zwanzig Jahre nach deiner Krönung der geschickteste aller Speerwerfer im ganzen Königreich bist. Und eines bist du dann mit Sicherheit ... vollkommen verrückt.

KAPITEL 7

In der Geschichte des Speerwerfens war David eine Ausnahme: Er wußte nämlich nicht, was er tun sollte, als mit dem Speer nach ihm geworfen wurde. Er warf die Speere, die von Saul kamen, nicht zurück. Er stellte auch keine eigenen Speere her, um damit zu werfen. David war irgendwie anders. Er wich dem Speer lediglich aus.

Was kann denn ein Mensch, vor allem ein junger Mensch, tun, wenn er vom König zur Zielscheibe erklärt wird? Was geschieht, wenn sich der junge Mensch dazu entschließt, die Speere nicht nach dem Prinzip ‚Wie du mir, so ich dir' zurückzuwerfen?

Erstens: Er muß so tun, als sehe er die Speere nicht. Selbst wenn sie direkt auf ihn zukommen. Zweitens: Er muß lernen, sehr schnell auszuweichen. Drittens: Er muß so tun, als sei nichts geschehen.

Es ist leicht zu erkennen, wenn jemand von einem Speer getroffen wurde.

Die Person ist zutiefst verbittert. David ließ sich nie treffen. Allmählich lernte er ein wohl gehütetes Geheimnis. Er entdeckte drei Dinge, die ihn davor bewahrten, jemals getroffen zu werden.

Erstens, erlerne nie die heute so beliebte, leicht erlernbare Kunst des Speerwerfens. Zweitens, halte dich fern von allen Speerwerfern. Und drittens, halte den Mund.

So bleibt man von Speeren unberührt, selbst wenn sie einem das Herz durchbohren.

KAPITEL 8

Du sagst: „Mein König ist verrückt. Wenigstens halte ich ihn für verrückt. Was kann ich tun?"

Wenn du so fragst, dann akzeptiere erstens folgendes als unabänderlich: Niemand weiß, wer der Gesalbte des Herrn ist und wer nicht. Manch ein König, der für einen Saul gehalten wird, ist in Wirklichkeit ein David. Und ein anderer, den man für einen David hält, ist statt dessen ein Saul. Wer hat recht? Wer kann das wissen? Auf wessen Stimme hörst du? *Kein Mensch* ist weise genug, als daß er dieses Rätsel jemals lösen könnte. Das einzige, was wir tun können, ist, die Frage stets in uns zu tragen:

„Ist dieser der Gesalbte des Herrn, und wenn ja, ist er ein Saul?"

Merke dir diese Frage gut. Es könnte sein, daß du dir diese Frage zehntausendmal stellen mußt, vor allem dann, wenn dein König möglicherweise verrückt ist.

Auf den ersten Blick erscheint dir diese Frage vielleicht nicht allzu schwer zu sein. Sie ist es aber. Besonders dann, wenn du viel weinen mußt, wenn du Speeren ausweichen mußt, und wenn du in der Versuchung stehst, einen Speer zurückzuwerfen, wozu dich andere auch noch ermutigen. Sie ist vor allem dann schwer, wenn logisches Denkvermögen, geistige Gesundheit, Intelligenz und gesunder Menschenverstand auch noch dazu raten. Aber bedenke bei allen Tränen: Du kennst nur die Frage, nicht die Antwort.

Keiner kennt die Antwort.

Außer Gott.

Und er verrät sie nicht. *Niemals.*

KAPITEL 9

„Das letzte Kapitel gefiel mir nicht. Das Problem wurde nicht erfaßt. Ich bin in Davids Situation, und ich leide Höllenqualen. Was soll ich denn tun, wenn das Reich von einem speerwerfenden König regiert wird? Soll ich fortgehen? Wenn ja, wie? Wie denn soll ein Mensch sich in einem Wettstreit von Speerwerfern verhalten?"

Nun, wenn dir die Frage im vorhergehenden Kapitel nicht gefiel, dann wird dir die Antwort auf diese Frage in diesem Kapitel auch nicht gefallen.

Die Antwort lautet: „Der Speer wird dich töten."

„Ist das denn nötig? Wozu soll das gut sein?"

Du hast deine Augen auf den falschen König Saul gerichtet. Solange du deinen auf den König heftest, wirst du ihm und ihm allein die Schuld geben für die Hölle, durch die du gerade gehst. Sei vorsichtig, denn Gott hat seine Augen fest auf einen anderen König Saul gerichtet. Nicht auf den sichtbaren, den, der Speere wirft. Nein, Gott schaut auf einen *anderen* König Saul. Einen, der genauso, wenn nicht sogar schlimmer ist.

Gott schaut auf den König Saul in dir.

„*In* mir?!"

Saul befindet sich in deinen Adern, in deinem Knochenmark. Er ist Bestandteil deines Muskelgewebes und deiner Herzkammern. Er ist mit deiner Seele verwoben. Er durchdringt dich bis in die Kerne der Atome, aus denen du bestehst.

König Saul ist eins mit dir.

Du bist König Saul!

Er atmet durch deine Lunge und schlägt in deinem Herzen – bei jedem von uns. Es gibt nur einen einzigen Weg, ihn loszuwerden. Er muß ausgelöscht werden.

Das mag in deinen Ohren nicht gerade wie ein Kompliment klingen, aber wenigstens weißt du jetzt, weshalb Gott dir jemanden zum Leiter bestimmt hat, der *eventuell* ein König Saul ist.

Der Schafhirte David wäre zu König Saul II herangewachsen, wenn Gott nicht den Saul aus seinem Herzen herausgeschnitten hätte. Die Operation dauerte Jahre und war so grauenhaft schwer, daß sie den Patienten fast umgebracht hätte. Und welches Skalpell verwandte Gott, um diesen inneren Saul zu entfernen?

Gott gebrauchte dazu den äußeren Saul.

König Saul wollte David vernichten. Er wurde aber lediglich zum Handlanger Gottes, um jenen Saul zu töten, der in den geheimen Ecken und Winkeln von Davids Seele hauste. Es stimmt zwar, daß David dabei buchstäblich zugrunde ging, aber das war unumgänglich. Sonst hätte Saul in ihm überlebt.

David akzeptierte sein Schicksal.
Er nahm die grausamen Umstände an.
Er erhob keine Einwände, er bot keinerlei Widerstand, und er stellte seine Frömmigkeit auch nicht zur Schau. Schweigend ertrug er die Qualen. So wurde er tief verwundet. Sein Inneres wurde vollständig umgekrempelt. Seine Persönlichkeit veränderte sich. Als die Qual vorüber war, war David kaum noch zu erkennen.

Die Frage im letzten Kapitel hat dich nicht befriedigt? Dann gefällt dir die Antwort in diesem Kapitel wahrscheinlich auch nicht.

Niemandem von uns gefällt sie.

Außer Gott.

KAPITEL 10

Woher weiß man, wann es an der Zeit ist, den Gesalbten des Herrn zu verlassen – ich meine insbesondere einen Gesalbten des Herrn nach der Art König Sauls?

David hat eine solche Entscheidung nie selbst getroffen. Der Gesalbte des Herrn traf sie für ihn. Der Erlaß des Königs regelte die Sache! „Jagt ihn, tötet ihn wie einen Hund." Erst dann ging David fort. Nein, er floh. Selbst dann äußerte er sich nicht über Saul und hob auch niemals die Hand gegen ihn. Eines ist dabei von großer Bedeutung: David spaltete das Reich nicht, als er fortzog. Er nahm niemanden mit. Er ging *allein.*

Allein. *Ganz* allein. Ein König Saul II tut das nicht. Er nimmt immer diejenigen mit, die „unbedingt mitgehen möchten".

Es gibt wirklich Menschen, die darauf bestehen, mit dir zu gehen. Stimmt´s? Sie wollen helfen das Königreich von König Saul II zu bauen.

Solche Menschen wagen nie allein fortzugehen.

Aber David ging allein. Ein Gesalbter des Herrn hat den Mut, allein zu gehen.

Es gibt nur eine einzige richtige Möglichkeit, ein Königreich zu verlassen.

Allein.

Ganz allein.

KAPITEL 11

Höhlen eignen sich nicht gerade dazu, eine gehobene Stimmung herbeizuführen. Sie gleichen sich in gewissem Sinne alle, ganz gleich, wie viele man schon erlebt hat. Sie sind dunkel, naß, kalt, modrig. Eine Höhle ist besonders dann schlimm, wenn man allein darin haust ... und in der Ferne Hunde bellen hört.

Doch manchmal, wenn die Hunde und die Jäger weit entfernt waren, stimmte der Gejagte ein Lied an. Erst leise, dann lauter erklang das Lied vom kleinen Lamm. Die Höhlenwände warfen nach jeder Note das Echo zurück, so wie es einst die Berge getan hatten. Die Musik durchdrang die Dunkelheit der Höhle und schallte bald als Chorgesang zurück.

David besaß jetzt weniger als zu den Zeiten, in denen er ein Hirte gewesen war; denn jetzt hatte er keine Leier, keine Sonne, nicht einmal die Gesellschaft der Schafe. Die Erinnerung an den Hof war verblichen. Davids größter Ehrgeiz reichte gerade bis zum Hirtenstab. *Alle* Ambitionen in ihm waren zerschlagen worden ...

Er sang viel.

Und zu jeder Note gesellte sich eine Träne.

Seltsame Dinge passieren, wenn man leidet. Nicht wahr?

Dort in den einsamen Höhlen, wo Sorge und Gesang sich verbanden, wurde David zum größten aller Liederdichter und für alle Menschen mit zerbrochenem Herzen zum stärksten Tröster, den die Welt je gesehen hat.

KAPITEL 12

Er lief und lief. Immer weiter ging es über feuchte Felder und durch manch ein schlammiges Flußbett. Manchmal kamen die Hunde dicht heran. Manchmal spürten sie ihn sogar auf. Aber schnellen Fußes erreichte er Flußufer und feuchte Erdlöcher, so daß er sich verstecken konnte. Er aß, was die Felder ihm boten, grub am Wegesrand Wurzeln aus, trank Regenwasser, schlief in hohlen Bäumen, versteckte sich in Gräben, kroch durch Gestrüpp und watete durch Schlamm. Manchmal mußte er tagelang laufen – ohne anzuhalten, ohne zu essen. Halb nackt, schmutzverkrustet lief, stolperte und kroch er weiter.

Höhlen wurden zu Schlössern, Gruben sein Zuhause.

Wenn Kinder in den Zeiten davor einmal nicht hatten gehorchen wollen, dann drohten ihre Mütter, daß sie einmal so enden würden wie der stadtbekannte Trinker. Doch jetzt gab es eine andere

Geschichte, die noch abschreckender war. „Sei lieb", warnten sie. „Oder es wird dir einmal so ergehen wie dem, der den Riesen tötete!"

Wenn in Jerusalem von Unterordnung unter den König die Rede war und von Respekt vor dem Gesalbten des Herrn, dann führte man David als Beispiel an. „Seht ihr", hieß es dann. „Das macht Gott mit denen, die rebellieren." Wer als junger Mensch davon hörte, erschrak und schwor feierlich, sich nie auf eine Rebellion einzulassen.

So war es damals, so ist es heute, so wird es immer sein.

Viel später erreichte David ein fremdes Land und damit ein geringes, sehr geringes Maß an Sicherheit. Doch auch dort wurde er gefürchtet, gehaßt. Auch dort verleumdete man ihn und verschwor sich gegen ihn. Mehr als einmal sah er sich dem gewaltsamen Tod gegenüber.

Das waren Davids dunkelste Stunden. Wir kennen sie als die Tage vor seiner Herrschaft als König. Doch daß sie nur seiner Herrschaft vorausgingen, ahnte *er* nicht. Er hielt in jenen Tagen sein Los für endgültig.

Doch aus dem Leiden heraus sollte etwas geboren werden. Demut.

Aus menschlicher Sicht war David vernichtet, aus göttlicher Sicht zerbrochen.

KAPITEL 13

Der König wurde immer verrückter, und deshalb begannen auch andere zu fliehen. Erst war es nur einer, dann waren es drei, dann zehn, dann Hunderte. Nach langer Suche stießen einige dieser Flüchtlinge auf David. Sie hatten ihn lange nicht gesehen.

Und als sie ihm gegenüberstanden, erkannten sie ihn einfach nicht. Er hatte sich verändert. Seine Persönlichkeit, seine Ausstrahlung, sein ganzes Wesen war anders geworden. Er redete weniger und liebte Gott mehr. Seine Lieder klangen anders. So etwas hatten sie noch nie zuvor gehört. Einige Lieder waren so schön, daß man keine Worte dafür fand. Doch es gab auch solche, die das Blut in den Adern gefrieren ließen.

Es war ein erbärmlicher, wertloser Haufen, der zu ihm stieß und ihm als Geflohenen Gesellschaft leistete: Diebe, Lügner, Meckerer, Nörgler, aufrührerische Menschen voll Rebellion im Herzen. Sie waren erfüllt von blindem Haß gegen den König und alle anderen Autoritätspersonen. Selbst im Paradies wären sie Unruhestifter gewesen, vorausgesetzt, sie wären überhaupt hineingekommen.

David wurde nicht zum Anführer dieser Gruppe. Er teilte weder ihre Haltung noch ihre Ansichten. Doch sie folgten ihm unaufgefordert.

David sprach nie von Autorität und nie von Unterordnung. Und doch ordneten sie sich ihm unter. Er legte keine Regeln fest. Den Begriff ‚gesetzlich' gibt es im Wortschatz von Flüchtlingen nicht. Aber dennoch begannen sie, ihr Leben zu bereinigen, und damit begann sich auch ihr Innenleben zu verändern.

Unterordnung und Autorität schreckten sie nicht etwa ab; über dieses Thema dachten sie nicht einmal nach und noch weniger diskutierten sie darüber. Weshalb folgten sie ihm dann? Nun, im eigentlichen Sinne taten sie das gar nicht. Es war nur, er war einfach ... naja ... er war eben David. Das bedurfte keiner weiteren Erklärung.

Und so wurde zum ersten und vorletzten Mal der Grundstein für eine wahre Königsherrschaft gelegt.

KAPITEL 14

„Warum, David, warum?"

Wieder eine namenlose Höhle.

Unruhig rutschten die Männer hin und her, ehe sie sich niederließen. Sie waren ebenso verstört wie Joab, der schließlich ihre Fragen in Worte kleidete.

Joab forderte Antworten. Sofort!

Es hätte David peinlich sein sollen, oder zumindest hätte man erwartet, daß er sich in die Defensive gedrängt fühlte. Doch er war weder peinlich berührt noch fühlte er sich in die Enge gedrängt. Er sah an Joab vorbei, so als blicke er in ferne Welten, die nur er sehen konnte.

Joab ging zu David hin, blickte ihn an und begann seine Frustration hinauszuschreien.

„Er hat dich doch schon so oft fast aufgespießt mit seinen Speeren! Ich habe es mit eigenen Augen gesehen. Dann bist du schließlich fortgelaufen. Seit Jahren bist du für ihn nichts anderes als Freiwild. Und alle Welt glaubt die Lügen, die er über dich verbreitet. Er, der König selber, hat sich aufgemacht, um dich in jeder Höhle, jedem Erdloch zu finden und dich wie einen Hund zu töten. Doch heute nacht hattest *du ihn* in der Hand, vor seinem eigenen Speer – und du hast nichts getan!

Sieh uns an. Wir sind *wieder* zu Tieren geworden. Vor einer Stunde hättest du uns befreien können. Ja, wir hätten jetzt alle frei sein können! Frei! Und Israel wäre auch frei gewesen. Weshalb, David, weshalb nur hast du diese Jahre des Elends nicht beendet?"

Es trat eine lange Stille ein. Die Männer scharrten ungeduldig mit den Füßen. Sie waren es nicht gewohnt, daß man David Vorwürfe machte.

„Weil", sagte David langsam und so sanft, als wolle er sagen: ‚Ich habe deine Worte vernommen, will aber den Ton überhören.' „Weil er einmal vor langer Zeit nicht verrückt war. Er war jung. Er war groß. Groß in den Augen Gottes und der Menschen. Und er ist von Gott, nicht von Menschen zum König gemacht worden."

Joab fauchte zurück, „Aber jetzt ist er *verrückt!* Und Gott ist nicht mehr mit ihm. David, er wird dich töten!"

Doch nun war es an David, eine feurige Antwort zu geben.

„Besser, er tötet mich, als daß ich mich so verhalte wie er. Es ist besser, er tötet mich, als daß ich so werde wie er. Ich weigere mich, die Dinge zu tun, die Könige verrückt werden lassen. Ich werde keine Speere werfen. Ich werde nicht zulassen, daß Haß in meinem Herzen entsteht. Ich werde keine Rache üben. Jetzt nicht und niemals!"

Joab wußte nicht, wie er mit solch einer unsinnigen Antwort umgehen sollte. Er stürmte hinaus in die Nacht.

Als die Männer sich in jener Nacht auf kaltem, feuchtem, steinigem Boden schlafen legten, murrten sie wegen der verdrehten und selbstmörderischen Ansichten ihres Anführers. Sein Verhältnis zu Königen, besonders verrückten Königen, war ihnen unverständlich.

Auch Engel gingen in jener Nacht zur Ruhe und träumten im Nachklang jener einzigartigen Ereignisse davon, daß Gott vielleicht doch noch eines Tages ein vertrauenswürdiges Gefäß finden würde, das er mit seiner Vollmacht ausrüsten konnte.

KAPITEL 15

Was für ein Mensch war Saul? Was war das für ein Mensch, der sich entschieden hatte, Davids Feind zu werden? Er war von Gott gesalbt, der Befreier Israels. Und doch erinnert man sich heute vor allem daran, daß er verrückt war.

Vergessen wir einmal die schlechte Presse. Vergessen wir einmal die vernichtende Kritik. Vergessen wir einmal seinen Ruf. Sehen wir uns die Tatsachen an. Saul war einer der ganz Großen in der Geschichte der Menschheit. Er wuchs als Bauernsohn auf, war ein richtiges Landkind, war groß, gutaussehend und beliebt.

Er war in den Geist Gottes hineingetauft.

Er kam aus guter Familie. In seinem Stammbaum befinden sich einige der größten Männer der Geschichte. Abraham, Israel, Mose zählen zu seinen Vorfahren.

Kennst du die Vorgeschichte? Abraham gründete eine Nation. Mose befreite diese

Nation von der Sklaverei. Josua bahnte diesem Volk den Weg in das von Gott verheißene Land. Die Richter verhinderten, daß alles sich in Chaos auflöste. Dann trat Saul auf den Plan. Saul war es, der diese Menschen verband und zu einem vereinten Königreich zusammenschweißte.

Saul einte das Volk und gründete ein Königreich. Nur wenigen Menschen ist das je gelungen. Er schuf aus dem Nichts eine Armee. In der Kraft Gottes gewann er Kriege und siegte wieder und wieder über seine Feinde, wie es nur wenigen Menschen beschieden ist. Außerdem war dieser Mann voll des Geistes Gottes. Und ein Prophet. Der Geist kam in Kraft und Vollmacht auf ihn. Wie keiner vor ihm tat und sagte er Dinge in der Kraft des Geistes Gottes, der auf ihm ruhte.

Er war alles das, was viele Christen heute gerne sein möchten ... voll des Heiligen Geistes ... befähigt, das Unmögliche zu tun ... für Gott. Ein geistlicher Leiter, von Gott erwählt und angetan mit der Kraft Gottes.

Saul besaß Vollmacht und Autorität, wie nur Gott sie kannte. Er war der Gesalbte Gottes, und Gott behandelte ihn als solchen.

Aber er war auch von Neid und Eifersucht zerfressen, des Mordes fähig und bereit, in geistlicher Finsternis zu leben.

Die Erkenntnis, die sich daraus ergibt, dürfte einige deiner Vorstellungen von Macht, von großen Männern Gottes unter der Salbung und von Gott selbst über den Haufen werfen.

Viele Menschen beten um die Kraft Gottes. Von Jahr zu Jahr werden es mehr. Diese Gebete klingen gewaltig, aufrichtig, gottergeben und sind scheinbar ohne Hintergedanken. Jedoch verbergen sich hinter solchen Gebeten und solchem Eifer Ehrgeiz, Ruhmsucht und geistlicher Größenwahn. Der Mensch, der solche Gebete spricht, weiß vielleicht nicht einmal, daß eine derartig finstere Motivation in seinem Herzen schlummert ... und in *deinem* Herzen.

Trotz all dieser Gebete sind solche Menschen innerlich leer. Sie weisen wenig geistliches Wachstum und innere Veränderung auf. Das Gebet um Kraft sucht den schnellen Weg, die Abkürzung, und versucht das Wachstum des inneren Menschen zu umgehen.

Es besteht ein riesengroßer Unterschied zwischen dem äußeren Angetanwerden mit der Kraft des Geistes und der inneren Erfüllung mit dem Leben des Geistes. Im ersten Fall kann der verborgene Mensch des Herzens trotz der Kraft unverändert bleiben. Im zweiten Fall wird dieses Monster besiegt.

Interessant ist, daß Gott die Bitten um Kraft, die in allen Generationen von eifrigen jungen Menschen ausgesprochen werden, hört und erhört. Er schenkt den Bittenden Kraft und Autorität. Manchmal empfangen sogar Menschen, die ausgesprochen unwürdig sind, worum sie bitten.

Kann es sein, daß ein unwürdiger Mensch die Kraft empfängt? Die Kraft Gottes? Auch wenn sein Innenleben Totengebeinen gleicht?

Weshalb tut Gott das? Die Antwort ist einfach und schockierend. Er gibt manchmal unwürdigen Gefäßen ein größeres Maß an Kraft, damit später bei diesen Menschen der wahre Zustand innerer Nacktheit offenbar wird.

Hinterfrage diese Kraftgebete! Eines ist sicher: Gott gibt manchmal aus uns nicht verständlichen Gründen einem Menschen von seiner Kraft. Ein Mensch mag sogar in großer Sünde leben, und doch ist es ihm gestattet, mit der äußeren Gabe zu wirken. Gott zieht seine ausgeteilten Gaben nicht wieder ein. Selbst dort nicht, wo Sünde ist. Außerdem sind von denen, die solch ein Leben führen, einige tatsächlich in den Augen des Herrn Gesalbte Gottes. Ein lebender Beweis dafür ist Saul.

Die Gaben können nicht widerrufen werden. Erschreckend, nicht wahr?

Wenn du zu jung bist, um so etwas gesehen zu haben, dann kannst du zumindest sicher sein, daß dir in den nächsten 40 Jahren so etwas begegnen wird. Hoch begabte Menschen, Menschen in Machtpositionen und im Reich Gottes als Führungskräfte anerkannt, sind zu sehr dunklen und bösen Taten fähig.

Was braucht diese Welt? Begabte Menschen, mit Kraft angetan? Oder Menschen, die „zerbrochenen Herzens sind" und eine innere Verwandlung erlebt haben?

Vergiß nicht, daß einige von diesen Menschen in der Kraft Gottes Armeen vorstanden. Sie haben Feinde besiegt, mächtige Werke Gottes vollbracht und mit Kraft und Weisheit gepredigt und geweissagt.

Und sie haben

Speere geworfen,
Menschen gehaßt,
Menschen angegriffen,
Mordpläne geschmiedet,
unbekleidet geweissagt,
und sogar Hexen befragt.

KAPITEL

16

„Du hast meine Frage noch immer nicht beantwortet. Der Mann, der mir vorangeht, ist meiner Meinung nach ein König Saul. Wie kann ich das mit Bestimmtheit herausbekommen?"

Es ist uns nicht gegeben, das zu wissen. Selbst ein Saul ist oft ein vom Herrn Gesalbter.

Es gibt immer Menschen – überall, in jeder Altersstufe und in jeder Gruppe –, die steif und fest behaupten: „Dieser da ist nach der Art König Sauls." Ein anderer wird dagegenhalten: „Nein, er ist ein Gesalbter des Herrn nach der Art Davids." Niemand weiß *wirklich,* wer von beiden recht hat. Und wenn du zufällig als Unbeteiligter beobachtest, wie diese beiden sich gegenseitig anschreien, dann magst du dich fragen, zu welcher Gruppe *sie* gehören, wenn sie überhaupt einer angehören.

Denk daran: Der, der dir vorangeht, dein Leiter, könnte ein David sein.

„Das ist unmöglich!"

Wirklich? Die meisten von uns kennen mindestens zwei Männer nach der Art Davids, die von Menschen verurteilt und gekreuzigt wurden. Von Menschen, die sich absolut sicher waren, daß sie nur solche kreuzigten, die keine Davids waren.

Und wenn du keine zwei Beispiele nennen kannst, dann wird dir wenigstens ein Beispiel bekannt sein.

Menschen, die gegen die Sauls unter uns kämpfen, kreuzigen oft die Davids.

Wer kann bestimmen, wer ein David und wer ein Saul ist?

Gott allein. Aber er verrät nicht, was er weiß.

Bist du so sicher, daß dein König ein Saul und nicht ein David ist, daß du bereit bist, Gott zu spielen und diesen deinen Saul zu bekriegen? Wenn ja, dann sei Gott dankbar, daß du nicht in den Tagen lebtest, als man zu kreuzigen pflegte.

Was kannst du also tun? Sehr wenig. Vielleicht sogar gar nichts.

Die Zeit wird zeigen, wie sich derjenige verhält, der dir vorangeht, und sein Verhalten wird viel über seinen Charakter aussagen.

Ob er nun ein David oder ein Saul ist, auf Dauer wird die Art und Weise, wie du auf ihn reagierst, sehr viel über *dich* aussagen.

„Ich merke, daß dein Bestreben typisch für deine Jugend ist", sagte der alte Krieger. „Ich habe den leisen, aber bestimmten Verdacht, daß du selbst eines Tages einmal Menschen leiten möchtest." Er hielt inne, ehe er nachdenklich fortfuhr. „Gut, ich werde dir von der Größe meines Königs erzählen, aber du wirst überrascht sein."

Die Augen des alten Mannes füllten sich mit Tränen. Er mußte an David und auch an den törichten neuen König denken, der erst vor kurzem gekrönt worden war.

„Ich werde dir von meinem König und seiner Größe erzählen. Mein König hat mich nie bedrängt, so wie es dein König jetzt tut. Dein neuer König hat bei seinem Machtantritt Gesetze, Regeln, Prinzipien aufgestellt, flößt Furcht ein. Am deutlichsten steht mir bei meinem König vor Augen, daß sein Leben in den Höhlen ein Leben der *Unterordnung* war. Ja, David lehrte mich Unterordnung, *nicht* Autorität. Er lehrte mich nicht die schnellen Patentrezepte von Regeln und Gesetzen, sondern die Kunst der Geduld. *Das* war es, was mein Leben veränderte. Gesetzlichkeit ist lediglich der Weg, den Menschen in

Leitungspositionen beschreiten, um Schmerzen aus dem Weg zu gehen.

Regeln wurden von Vorgesetzten erfunden, die früh zu Bett gehen wollen! Menschen, die auf ihre Autorität pochen, nur um damit zu beweisen, daß sie keine besitzen. Und Könige, die Reden über Unterordnung halten, zeigen damit nur, daß sie zwei Ängste in sich tragen: Zum einen, daß sie sich nicht sicher sind, ob sie echte, von Gott gesandte Leiter sind, zum anderen, daß sie unsterbliche Angst vor Rebellion haben.

Es war nicht die Art meines Königs, Unterordnung einzufordern. Er fürchtete sich nicht vor Rebellion ... weil ... weil er keine Angst davor hatte, entthront zu werden!

David lehrte mich verlieren, nicht gewinnen. Geben, nicht Nehmen. Er zeigte mir, daß der Leiter, nicht der Nachfolger, unbequeme Dinge in Kauf nehmen muß. David vermied es, Schmerz zu verursachen.

Er lehrte mich, daß Autorität Rebellion gewähren läßt, besonders dann, wenn diese Rebellion nicht gefährlicher ist als Unreife oder vielleicht Dummheit." Der alte Mann schien sich an einige sehr spannungsgeladene, vielleicht auch spaßige Ereignisse in den Höhlen zu erinnern.

„Nein", sagte er mit einem Hauch von Redegewandtheit, „Autorität von Gott fürchtet sich nicht vor Herausforderern, verteidigt sich nicht und schert sich keinen Deut darum, ob sie entthront wird.

Darin bestand die Größe des gro ... des *wahren* Königs."

Der alte Mann schien das Gespräch beenden zu wollen. Zorn und Würde waren zu spüren, als er abschließend bekräftigte: „Was David und seine Autorität anbelangt – so bleibt eines festzuhalten: Männer, die keine Autorität haben, sprechen dauernd davon. ‚Ordne dich unter, ordne dich unter', heißt es immer wieder. David besaß Autorität, aber ich glaube nicht, daß er sich darüber im klaren war! Sechshundert Taugenichtse waren wir, mit einem Anführer, der viel weinte. Mehr nicht."

Für den jungen Soldaten waren diese die letzten Worte des alten Kriegers. Als er sich wieder auf den Weg machte, kam ihm die Frage, ob er im Dienste unter König Rehobeam wohl je wieder glücklich sein würde.

KAPITEL 18

Wir haben uns Saul und David genau angesehen. War dir das eine Hilfe? Wie bitte? Du bist dir jetzt ganz sicher, daß dein Leiter nicht von Gott ist ... oder wenn er es doch ist, daß er höchstens ein Saul ist? Erstaunlich, wie sicher wir Menschen doch sind, wenn es um Dinge geht, die nicht einmal die Engel wissen!

Darf ich dich fragen, was du mit diesem neuerworbenen Wissen machst? Ich weiß wohl, daß du selbst weder ein Saul noch ein David bist ... sondern nur ein kleiner Diener im Reich. Du hast aber doch vor, deine neuen Entdeckungen einigen wenigen Freunden mitzuteilen? Ah ja, ich verstehe. Ich sollte dich aber vielleicht warnen. Dieses neue Kopfwissen birgt Gefahren in sich. Eine merkwürdige Veränderung könnte sich in deinem eigenen Herzen abspielen. Es ist möglich ... aber – warte einen Augenblick!

Was sehe ich da drüben! Dort! In dem fernen Nebel hinter dir. Dreh dich um.

Siehst du es? Welche geisterhafte Erscheinung bahnt sich ihren Weg durch den Nebel? Ich glaube, ich weiß, wer dieser Mensch ist. Sieh genau hin. Kann man erkennen, was er tut?

Er scheint sich über eine alte Kiste zu beugen, die er jetzt öffnet. Wer ist das? Was tut er?

Er holt etwas aus der Kiste heraus. Einen Mantel? Es ist eine Art Umhang. Er streift das Gewand über. Es steht ihm sehr gut und sitzt wie ein Mantel auf seinen Schultern.

Und nun? Er greift noch einmal in die Kiste. Ich weiß, daß ich diese Person schon einmal gesehen habe. Was wird dieses Mal hervorgeholt? Ein Schild? Nein, das Wappen aus lang vergessenen Zeiten. Er hält das Wappen hoch, so, als wolle er es sich zu eigen machen. Wer ist dieser Mann? Dieses Auftreten, diese Gangart, diese Haltung! Ich bin mir ganz sicher, daß ich das alles schon irgendwo gesehen habe.

Ah! Er kommt aus dem Nebel ins Licht. Gleich werden wir wissen, wer es ist.

Dieses Gesicht. Das bist doch du?!

Genau. Das bist *du!* Du, der du keine Schwierigkeiten hast, einen unwürdigen Saul auszumachen!

Geh und betrachte dich einmal im Spiegel. Dieser Mann bist du! Sieh dir den Namen auf dem Wappen an.

Da steht: ABSALOM DER ZWEITE!!!

TEIL II

KAPITEL 19

„Da kommt David!"

Überall lächelnde, freudestrahlende Gesichter.

„Kein Geringerer als David!"

Die Menschen winkten dem gutaussehenden jungen Mann in der vorbeifahrenden Kutsche mit den fünfzig nebenherlaufenden Begleitern zu.

„Das ist doch nicht David!" rief ein Junge aus, der mit seinem Hofdiener die Straße entlangging. „Weshalb behaupten die Leute, es sei David? Er ist *nicht* David!"

„Du hast recht, Kind. Er ist nicht David. Er ist lediglich Absalom."

„Weshalb sagen denn die Leute ‚David' zu ihm?" fragte der Junge, während er sich nach dem gutaussehenden Mann umsah.

„Weil er uns alle an David erinnert, als er jung war. Und weil wir uns alle freuen, daß ein so feiner junger Mann einmal Davids Platz einnehmen wird. Und vielleicht auch deshalb, weil Absalom noch besser aussieht als David. Vielleicht sieht keiner so gut aus wie er."

„Wird Absalom bald König werden? Wie alt ist denn überhaupt David? Wird er bald sterben?"

„Natürlich nicht, mein Junge. Nun ... wie alt ist David? Vielleicht so alt wie König Saul damals am Ende seiner Herrschaft."

„Wie alt ist Absalom?"

„Ungefähr so alt wie David, als Saul ihm nach dem Leben trachtete."

„David ist jetzt so alt wie Saul am Ende seiner Herrschaft. Absalom ist so alt wie David, als er König wurde", sagte der Junge nachdenklich. So gingen sie eine Weile schweigend nebeneinander. Dann meldete sich der Junge in Gedanken versunken wieder zu Wort.

„Saul war sehr hart zu David, nicht wahr?"

„Ja, sehr."

„Wird König David genauso hart gegen Absalom vorgehen?"

Der Hofdiener dachte einen Augenblick lang über die Frage nach. Doch schon fuhr der Junge fort: „Wenn David Absalom schlecht behandelt, wird sich dann Absalom so vorbildlich verhalten wie David?"

„Das wird die Zukunft erst zeigen. Wenn deine Antworten einmal so gut sind wie deine Fragen heute, dann wird man dich mit Sicherheit für den weisesten Menschen auf Erden halten."

Die beiden gingen durch das Tor in den Hof des Palastes.

KAPITEL 20

Es tat gut, einem Menschen zu begegnen, der die Dinge so durchschaute wie er. Scharfsinnig war er. Ja, so kann man ihn am besten bezeichnen – als scharfsinnig. Er konnte alle Probleme an der Wurzel packen.

Man fühlte sich in seiner Gegenwart einfach sicher. Man sehnte sich danach, mit ihm zusammenzusein. Im Gespräch mit ihm fühlte man sich weise. Man wurde, zumindest in den eigenen Augen, aufgewertet.

Während er die Probleme einzeln durchging und eine Lösung nach der andern hervorzauberte, begannen sich die Menschen nach dem Tag zu sehnen, an dem er die Leitung übernehmen würde. Er konnte so viele Dinge wieder geradebiegen. Hoffnung keimte wieder auf, wenn er da war.

Aber dieser beeindruckende Mann mit Durchblick würde niemals den Tag seiner eigenen Herrschaft herbeidrängen, dessen waren sich die Menschen sicher. Er war viel zu demütig, hatte zu viel Respekt vor dem derzeitigen Leiter. Der Kreis um ihn herum zeigte sich ein wenig frustriert darüber, daß die besseren Tage unter seiner Leitung auf sich warten ließen.

Je mehr Zeit die Menschen in seinem Wohnzimmer verbrachten und redeten, desto klarer wurde ihnen, daß im Reich einiges schieflief. Ja, die Dinge lagen so daneben wie nie zuvor. Und Probleme gab es! Es kamen Dinge ans Licht, von denen sie nicht einmal geträumt hatten. O ja, sie nahmen zu an Weisheit und Erkenntnis.

Und je mehr Zeit verstrich, desto mehr Menschen gesellten sich zu ihnen. Die Nachricht verbreitete sich: „Hier ist einer, der Ahnung hat und weiß, wovon er spricht. Hier ist einer, der Antworten parat hat." Die Frustrierten kamen. Sie hörten zu. Sie stellten Fragen. Sie erhielten befriedigende Antworten und schöpften wieder Hoffnung.

Man nickte. Träume wurden geboren. Die Zeit verstrich, und immer mehr Treffen wurden angesetzt. Aus Meinungen wurden

Berichte, Berichte über Ungereimtheiten, die man sonst vielleicht für belanglos gehalten hätte. Doch dieser Zuhörer betrachtete die Dinge mit anderen Augen! Er ging innerlich mit. Und während die Schar um ihn herum berichtete, kamen immer mehr schwerwiegende Ungereimtheiten ans Licht. Mit jeder neuen Geschichte entsetzten sich die Männer über die Ungerechtigkeit, die, so schien es auf einmal, überhand zu nehmen drohte.

Der weise junge Mann saß ruhig da und fügte dem Murren kein einziges Wort hinzu. Er war ganz einfach zu edel für so etwas. Wenn er abends die Gesprächsrunde beendete, brachte er immer ein kleines anerkennendes Wort für die Verantwortlichen über die Lippen ...

Aber von keinem Menschen konnte man verlangen, für immer schweigend zuzusehen. Die endlose Auflistung von Dingen, die schiefgelaufen waren, mußte selbst den Respektvollsten aufhorchen lassen. Da mußte auch das reinste Herz vor Zorn erglühen. Und wie strahlend rein war doch das Herz dieses Mannes!

Solch ein mitfühlender Mensch konnte nicht ewig den Blick von diesen Leiden abwenden und unentwegt dazu schweigen. Ein Mensch von solch edlem Charakter mußte sich doch irgendwann einmal zu Wort melden.

Zu guter Letzt gerieten seine Anhänger, die er angeblich gar nicht hatte, außer sich vor Zorn. Sie gewannen immer mehr Einblick in die Ungereimtheiten im Reich, und ihr Durchblick nahm an Tiefe und Schärfe zu. Sie wollten alle etwas gegen diese endlosen Ungerechtigkeiten unternehmen.

Endlich, so schien es, würde der junge Mann mit den vielen Qualitäten nachgeben und sich äußern. Zu Beginn waren es nur wenige Worte, die er von sich gab. Später wurden es mehr. Das Herz der Männer hüpfte vor Freude und sogar Jubel. Der Edelmütige zeigte sich zum Handeln bereit. Aber nein! Er bat sie, ihn doch nicht mißzuverstehen. Er war wohl tief betrübt, wollte sich aber nicht gegen die Verantwortlichen aussprechen. Nein, mit keinem Wort. Ganz gleich, wie schwer auch die Ungereimtheiten wogen und wie gerechtfertigt ihr Anliegen auch sein mochte, so würde er dennoch kein Wort dazu verlauten lassen.

Er wurde zusehends betrübter. Es war ersichtlich, daß einige Berichte ihn tief schmerzten. Aber dann gab er in gerechtem Zorn kühle, wohl kontrollierte Worte voll Kraft von sich. „Diese Dinge dürften einfach nicht geschehen." Er erhob sich mit zornigem Blick. „Wenn ich die Verantwortung hätte, würde ich folgendes tun ..."

Und an diesen Worten wurde in allen die Rebellion entfacht, in allen außer einem, dem Edelsten und Reinsten im Raum.

Denn in seinem Herzen gärte die Rebellion bereits seit Jahren.

KAPITEL 21

„Weiser Mann!"

„Ja."

„Weiser Mann, hast du einen Augenblick Zeit für mich?"

„Ja, natürlich. Ich habe viel Zeit."

„Du kommst gerade von einem Treffen im Hause Absaloms?"

„Ja, das stimmt."

„Welche Eindrücke hattest du von dem Treffen?"

„Reicht dir ein allgemeiner Eindruck von Absalom und seinen Freunden?"

„Ja, das würde mir reichen."

„Nun ja, ich habe viele Menschen wie Absalom kennengelernt. Viele."

„Wie ist er denn?"

„Er ist aufrichtig und ehrgeizig. Das mag vielleicht ein Widerspruch sein, aber es stimmt dennoch. Er meint wahrscheinlich tatsächlich einiges von dem, was er sagt. Aber sein Ehrgeiz wird seine Unfähigkeit überdauern, das Versprochene einzuhalten. Das Wiedergutmachen von Unrecht gerät bei dem Streben nach Macht immer ins Hintertreffen."

„Es tut mir leid, aber das verstehe ich nicht."

„Zwei Dinge scheinen mir von Bedeutung. Als Absalom während eines Treffens Fragen beantwortete, sprach er sich ausdrücklich für mehr Freiheit im Königreich aus. Das gefiel allen. ‚Die Menschen müssen von Gott allein geführt werden, nicht von Menschen', sagte er. ‚Die Menschen sollten nur das tun, wozu sie sich von Gott geleitet fühlen. Wir müssen Gott folgen, nicht Menschen.' So etwa waren seine Worte.

Bei einem anderen Treffen sprach er von den großartigen Visionen, die er für das Reich Gottes habe – von den großen Dingen, zu denen die Menschen fähig seien. Auf der anderen Seite sprach er auch von vielen organisatorischen Veränderungen, die er für notwendig halte.

Ohne es scheinbar zu merken, hatte er damit zwei unvereinbare Gegensätze genannt: Viele Veränderungen, mehr Freiheit. Ja, er ähnelt damit sehr einer Vielzahl anderer Menschen, die ich mit den Jahren kennengelernt habe."

„Weiser Mann, ich glaube, ich habe alles verstanden, was du gesagt hast, aber ich weiß nicht, worauf du hinauswillst."

„Absalom träumt. Träumt von dem, was werden soll, was werden *wird.* ‚Dieses und jenes werde *ich* tun', sagt er. Aber um diese Träume zu verwirklichen, benötigt er die Mitarbeit der anderen. Und das ist der Punkt, den die Menschen übersehen. Solche Träume gehen von der Voraussetzung aus, daß das gesamte Volk Gottes hinter dem neuen Leiter steht und daß alle der gleichen Meinung sind. Solche Männer meinen, es werde unter ihrer Regentschaft keinerlei Probleme geben. Es ist zwar möglich, daß alle mitziehen, aber nicht sicher.

Das Volk Gottes folgt dem, der die Leitung hat, höchstens für eine kurze Zeit.
Es steht nie lange hinter jemandem.
Gewöhnlich tun die Menschen das, was

ihnen gefällt. Man kann sie wohl dazu bewegen, den Ideen eines bestimmten Menschen zu folgen, aber das hält meist nicht lange. Die Menschen strengen sich nicht gern an, selbst in der Nachfolge Gottes nicht.

Was wird Absalom tun, wenn die Menschen ihm nicht mehr freiwillig folgen?

Das ist die Frage.

Es gibt kein Reich ohne Unstimmigkeiten. Selbst Gott hatte im Himmel Kritiker. Es geht überall über Stock und Stein. Die Verwirklichung von Träumen geschieht nie in völliger Einmütigkeit, vor allem nicht im Reiche Gottes. Nein, um alle Pläne auszuführen, die er heute abend erwähnte, braucht er Zeit. Nicht jeder wird bereit sein mitzumachen. Wird Absalom dann immer noch fest entschlossen sein, seine Träume zu verwirklichen? Wenn ja, dann kann er nur einen Kurs einschlagen: den der Diktatur. Sonst werden nur sehr wenige seiner großspurigen Träume in die Tat umgesetzt werden können, wenn überhaupt. Und wenn er tatsächlich zum Diktator wird, dann wird es nicht lange dauern, bis man mit ihm unzufrieden ist, so wie man auch mit dem jetzigen König unzufrieden ist. Wenn Absalom König wird, wird man sich schon bald wieder wie heute abend zusammenfinden. Dann werden neue Gesichter auftauchen und neue Pläne für eine neue Rebellion entstehen, dieses Mal gegen Absalom! Wenn *Absalom* dann von solchem Treffen hört und das Stichwort Rebellion auftaucht, wird er nur eine Wahl haben."

„Was wird er tun?"

„Rebellen, die durch Rebellion den Thron ersteigen, habe keine Geduld mit anderen Rebellen und ihren Rebellionen. Wenn Absalom sich einer Rebellion gegenübersieht, wird er zum Tyrannen werden. Er wird zehnmal schlimmer sein als dein jetziger König. Er wird die Rebellion unterdrücken, mit eiserner Hand regieren ... und Furcht verbreiten. Er wird die Opposition mit Stumpf und Stiel ausrotten. Das ist immer der letzte Akt solcher hochtrabenden Rebellionen. So wird es Absalom machen, wenn er David den Thron wegnimmt."

„Aber manchmal haben doch Rebellionen etwas Gutes gebracht. Rücksichtslose

Despoten konnten schon mal entfernt werden, oder etwa nicht?"

„Ja, einige wenige. An eines möchte ich dich jedoch erinnern: Dieses Reich ist anders als die anderen Reiche. Dieses Reich setzt sich aus Kindern Gottes zusammen. Es handelt sich um ein geistliches Reich. Mit Nachdruck sage ich dir, daß im Reich Gottes keine Rebellion rechtmäßig ist und keine Rebellion den vollen Segen ernten wird."

„Weshalb sagst du das, weiser Mann?"

„Aus mehreren Gründen. Ein Mensch, der in einem geistlichen Reich eine Rebellion anführt, hat, ganz gleich wie geflügelt seine Worte klingen oder wie unbescholten seine Wege sein mögen, bereits bewiesen, daß er ein kritisches Wesen und einen gewissenlosen Charakter hat und daß verborgene Motive in seinem Herzen schlummern. Offen gesprochen ist er ein Dieb. Er schürt Unzufriedenheit und Spannungen im Reich, ehe er dann entweder die Macht ergreift oder aber sich seiner Anhänger entledigt. Diejenigen, die ihm nachfolgen, werden benutzt, um seine Macht zu untermauern. Solch ein trostloser Anfang, auf einen Aufstand gegründet ...! Nein, Gott duldet in seinem Reich keine Spaltungen.

Merkwürdig finde ich, daß Menschen, die in ihren eigenen Augen qualifiziert genug sind, das Reich Gottes zu spalten, nicht dazu in der Lage sind, irgendwo anders hinzugehen, weit weg, um ein völlig neues Reich zu bauen. Nein, sie müssen Anhänger stehlen. Ausnahmen habe ich noch nie gesehen. Sie kommen scheinbar nie ohne wenigstens ein paar bereits vorhandene Anhänger aus.

Mit leeren Händen und allein zu beginnen, das schreckt die Besten ab. Es spricht auch Bände davon, wie ‚sicher' sie sich fühlen, daß Gott mit ihnen ist.

Wenn man ihre Aussagen einmal unter die Lupe nimmt, dann sieht man, daß sie vor Unsicherheit strotzen.

Es liegt so viel uneingenommenes Land brach. Es gibt so viele Menschen an anderen Orten, die darauf warten, einem echten König zu folgen, einem wahren Mann Gottes. Daher erlaube ich mir, die Frage zu wiederholen: Weshalb machen sich ‚Möchte-gern-Könige und -Propheten' nicht einfach ohne Anhang auf und davon, um anderswo Menschen zu finden, mit denen sie das erträumte Königreich errichten?

Menschen, die im geistlichen Bereich zu Anführern von Rebellionen werden, sind unwürdig. Ausnahmslos. Jetzt muß ich gehen. Ich muß weitereilen."

„Halt, weiser Mann, sag mir, was ist dein Name?"

„Du willst meinen Namen wissen? Mein Name ist – GESCHICHTE."

KAPITEL 22

David blickte von der Gartenterrasse seines Palastes in Jerusalem hinab auf die beleuchteten Häuser in der Heiligen Stadt. Ein Mann trat von hinten an ihn heran. David seufzte. „Ja, Joab, was ist?"

„Weißt du Bescheid?"

„Ja, ich weiß Bescheid", lautete die Antwort.

„Wie lange weißt du es schon?" fragte Joab besorgt und überrascht.

„Seit Monaten, Jahren, vielleicht seit einem Jahrzehnt. Vielleicht sogar schon seit dreißig Jahren."

Joab war sich nach dieser Antwort nicht sicher, ob sie beide das gleiche meinten. Absalom war ja schließlich kaum mehr als dreißig Jahre alt. „Mein König, ich spreche von Absalom", sagte er zögernd.

„Ich auch", sagte der König.

„Wenn du es schon so lange weißt, warum hast du ihn nicht daran gehindert?"

„Das gleiche habe ich mich gerade eben gefragt."

„Soll ich es für dich tun?"

David drehte sich blitzschnell um. In einem einzigen winzigen Augenblick hatte Joabs Frage sein Dilemma beseitigt.

„Nein, das wirst du nicht tun! Du wirst auch kein einziges Wort mit ihm darüber sprechen. Du wirst ihn auch nicht kritisieren. Du wirst nicht zulassen, daß sich irgend jemand kritisch über ihn äußert oder das, was er tut, beanstandet. Und auf keinen Fall hältst du ihn von seinem Tun ab."

„Aber wird er nicht dann das Reich an sich reißen?"

David seufzte leise. Einen Augenblick lang wußte er nicht, ob er weinen oder lachen sollte. Dann lächelte er vorsichtig und sagte: „Ja, vielleicht wird er das tun."

„Was wirst du dann tun? Hast du Pläne?"

„Nein. Keine. Offen gesprochen weiß ich überhaupt nicht, was ich tun soll. Ich habe viele Kämpfe gefochten und viele Belagerungen erlebt. Ich wußte meist, was zu tun war. Dieses Mal kann ich nur auf die Erfahrungen meiner Jugendzeit zurückgreifen. Der Kurs, den ich damals verfolgte, scheint mir auch heute noch der beste zu sein."

„Und welcher Kurs war das damals?"

„Absolut nichts zu unternehmen."

KAPITEL 23

David war wieder allein. Langsam ging er auf dem Dachgarten auf und ab. Dann hielt er inne und sprach laut vor sich hin.

„Ich habe gewartet, Absalom; ich habe jahrelang gewartet und zugesehen. Ich habe mich immer wieder gefragt: ‚Was ist im Herzen dieses jungen Mannes?' Und jetzt weiß ich es. Du wirst das Undenkbare tun. Du, Absalom, wirst das *Reich Gottes,* spalten. Alles andere war nur Gerede."

David schwieg einen Augenblick lang. Dann flüsterte er erstaunt: „Absalom hat keine Hemmungen, das *Reich Gottes* zu spalten."

„Jetzt weiß ich es. Er sucht Anhänger. Das heißt vielmehr, er schickt sie nicht fort! Er scheint zwar absolut reinen Herzens und überaus edel zu sein. Aber dennoch hat er es auf Spaltung abgesehen. Seine Anhängerschar wächst, obwohl er behauptet, keine Anhänger zu haben."

Eine Zeitlang schwieg David. Dann begann er ein Selbstgespräch, wobei er nicht ohne

Humor sich selbst anredete: „Schön und gut, mein lieber König David, eine Frage beantwortet sich damit von allein. Du befindest dich inmitten einer Spaltung und kannst ohne weiteres deinen Thron verlieren. Nun zur zweiten Frage."

Er hielt inne, hob die Hand und fragte sich beinahe schicksalsergeben: „Was wirst du nun tun? Das Reich hängt in der Schwebe. Ich habe scheinbar die Wahl: Ich kann alles verlieren, oder ich kann ein Saul werden. Ich kann Absalom aufhalten. Dazu brauche ich nur wie Saul zu werden. Soll ich in meinem Alter noch so werden wie Saul? Ich spüre, daß der Herr selbst von mir eine Antwort erwartet."

Dann sprach er mit lauter Stimme: „Soll ich etwa jetzt zum Saul werden?"

Hinter ihm sagte jemand: „Mein König, Saul ist dir gegenüber kein David gewesen."

David wandte sich um. Es war Abisai, der unangemeldet hinzugetreten war.

„Ein ziemlich beliebter Treffpunkt, diese Terrasse", sinnierte David laut.

„Mein König?" sagte Abisai.

„Nichts. Es genügt zu sagen, daß es mir heute an Besuchern nicht mangelt – wo ich doch gerade heute die Einsamkeit suchte. Was sagtest du gerade? Was habe ich denn eigentlich gesagt?"

„Du fragtest: ‚Soll ich Absalom gegenüber zum Saul werden?', woraufhin ich sagte: ‚Er ist dir gegenüber kein junger David gewesen.'"

„Ich habe Saul nie herausgefordert; ich habe nie versucht, während seiner Herrschaft das Reich zu spalten. Willst du das damit sagen?"

„Mehr noch", antwortete Abisai mit Nachdruck. „Saul hat dir übel mitgespielt und dir das Leben zur Hölle gemacht. Du bist ihm stets mit Respekt begegnet und hast stillschweigend Qualen gelitten. Die bösen Dinge, die damals geschahen, kamen nur aus einer Richtung. Alle fielen über dich her. Du hättest die Möglichkeit gehabt, das Reich zu spalten und hättest wahrscheinlich Saul vom Thron stoßen können. Statt dessen hast du deine Sachen gepackt und hast das Reich verlassen. Du bist geflohen. Das war dir lieber, als eine Spaltung herbeizuführen. Du hast dein

Leben für die Einheit riskiert und deine Lippen und Augen gegen all seine Ungerechtigkeiten verschlossen. Du hattest mehr Grund zu rebellieren, als irgendein anderer vor oder nach dir je hatte oder haben wird. Es fällt Absalom schwer, eine Liste deiner Ungerechtigkeiten zusammenzustellen. Wenige davon sind von Belang, das möchte ich klarstellen. Hat sich Absalom so verhalten wie du? Hat Absalom dir Respekt erwiesen? War es Absaloms Ansinnen, das Reich zu erhalten? Hat sich Absalom etwa geweigert, dir Böses nachzusagen? Hat Absalom seine Anhänger abgewiesen? Hat Absalom das Land verlassen, um eine Spaltung zu vermeiden? Hat Absalom schweigend Unrecht ertragen oder gar Bosheiten über sich ergehen lassen müssen? So rein und edel wie der ist!"

Die letzten Worte hatten einen ironischen Unterton. Dann sprach er in ernsthaftem Ton weiter.

„Das, was er gegen dich hat, ist geringfügig im Vergleich zu dem, was du gegen Saul vorzubringen hättest. Du hast Saul nie schlecht behandelt und du bist auch Absalom gegenüber nie unfair gewesen."

David unterbrach lächelnd. „Ich scheine ja geradezu eine Gabe zu haben, alte wie junge Männer dazu zu bringen, mich grundlos zu hassen. Als ich jung war, griffen mich die Alten an. Jetzt bin ich alt und werde von den Jungen angegriffen. Was für eine großartige Leistung!"

„Ich will ganz einfach klarstellen", sagte Abisai, „daß Absalom kein David ist. Deshalb frage ich dich: Weshalb verhinderst du nicht seine Rebellion? Setzte ihm einen Riegel vor, dem elenden ..."

„Vorsichtig, Abisai. Vergiß nicht, daß auch er ein Königssohn ist. Man sollte niemals schlecht über den Sohn eines Königs reden."

„Mein König, ich erinnere dich daran, daß du dich geweigert hast, dein Schwert oder deinen Speer auch nur ein einziges Mal gegen Saul zu benutzen. Ich sage es noch einmal. Absalom spricht Tag und Nacht wider dich. Er wird eines Tages – und das kann bald sein – eine Armee gegen dich zusammenstellen. Nein, eine ganze Nation wird er gegen dich aufhetzen. Diese Nation! Der junge Absalom ist kein junger David. Ich rate dir, ihn aufzuhalten!"

„Abisai, du erwartest von mir, daß ich so werde wie Saul", entgegnete David mit Nachdruck.

„Nein, ich sage nur, daß er kein David ist. Du mußt ihn aufhalten!"

„Und wenn ich ihn aufhalte, bin ich dann noch immer David? Bin ich dann nicht ein Saul?" fragte der König, während er Abisai scharf ansah. „Abisai, um ihn aufzuhalten, muß ich entweder ein Saul oder ein Absalom sein."

„Mein König und Freund, ich spreche, weil ich dich liebhabe. Manchmal meine ich, du bist ein klein wenig von Sinnen."

„Ja, das kann ich mir denken", lachte David.

„Mein König, Saul war ein schlechter König. Absalom ist in gewisser Hinsicht eine jugendliche Reinkarnation von Saul. Nur du bleibst du selber. Du bleibst immer der Hirtenjunge mit dem zerbrochenen Herzen. Was hast du vor? Verheimliche mir nichts."

„Bis jetzt war ich mir nicht sicher. Jetzt weiß ich eines ganz genau: In meiner Jugend war ich kein Absalom. In meinem Alter will ich kein Saul werden. In meiner

Jugend war ich, um dich zu zitieren, David. In meinem Alter will ich ein David bleiben. Selbst wenn ich dafür einen Thron, ein Reich und vielleicht meinen Kopf drangeben muß."

Abisai schwieg eine Weile lang. Um sicherzugehen, daß er die Bedeutung verstanden hatte, die der Entscheidung Davids beizumessen war, sagte er nachdenklich: „Du warst kein Absalom; du willst kein Saul werden. Wenn du nicht dazu bereit bist, Absalom aufzuhalten, dann schlage ich vor, daß wir das Reich verlassen, denn Absalom wird mit Sicherheit herrschen."

„So sicher wie König Saul den Hirtenjungen tötete", war die Antwort des weisen alten Königs.

„Wie bitte?" fragte Abisai verunsichert.

„Denke einmal darüber nach, Abisai. Gott hat einen wehrlosen Hirtenjungen vor dem mächtigen, verrückten König bewahrt. Er kann genauso einen alten Herrscher vor einem ehrgeizigen jungen Rebellen bewahren."

„Du unterschätzt deinen Gegner", erwiderte Abisai.

„Du unterschätzt meinen Gott", kam die gelassene Antwort von David.

„Aber warum, David, warum willst du nicht kämpfen?"

„Ich werde dir die Antwort darauf geben. Du wirst dich entsinnen, daß ich einmal vor langer Zeit in der Höhle, in der du übrigens auch warst, Joab die gleiche Antwort gegeben habe! Es ist besser, wenn ich besiegt, vielleicht sogar getötet werde, als daß ich mir die Methoden eines Saul oder eines Absalom aneigne. *So* wertvoll ist das Reich nicht. Soll er es doch einnehmen, wenn das Gottes Wille ist! Ich wiederhole: Ich werde mir die Methoden eines Saul oder eines Absalom *nicht* zu eigen machen.

Und jetzt als alter Mann will ich noch etwas hinzufügen, das ich damals vielleicht nicht wußte. Abisai, kein Mensch kennt sein eigenes Herz. Ich schon gar nicht. Das kennt nur Gott. Soll ich mein kleines Reich im Namen Gottes verteidigen? Soll ich Speere werfen, soll ich Pläne schmieden und spalten ... die Seele der Menschen zerstören, wenn ich ihren Leib schon nicht töten kann ... um *mein* Reich zu schützen? Ich habe keinen Finger gekrümmt, um zum König gekrönt zu werden. Auch nicht, um ein Reich zu erhalten. Auch nicht das Reich Gottes! Gott hat mich eingesetzt. Es liegt nicht in meiner Verantwortung, Autorität zu übernehmen oder aufrechtzuerhalten. Weißt du nicht, daß es vielleicht sein Wille ist, daß diese Dinge alle geschehen? Ich nehme an, daß Gott selbst jetzt noch das Reich schützen und erhalten könnte, wenn er es wollte. Es ist ja schließlich *sein* Reich.

Wie schon gesagt, kein Mensch kennt sein eigenes Herz. Ich kenne meines nicht. Wer weiß, was wirklich in meinem Herzen steckt? Es könnte doch sein, daß ich in Gottes Augen nicht mehr würdig bin zu regieren. Vielleicht hat er genug von mir. Vielleicht möchte er, daß Absalom Herrscher wird. Ich weiß es ehrlich gesagt nicht. Aber wenn es sein Wille ist, dann will ich es auch. Vielleicht ist Gottes Weg mit mir zu Ende.

Wer als junger Rebell seine Hand gegen einen mutmaßlichen Saul erhebt, und wer als alter König seine Hand gegen einen mutmaßlichen Absalom erhebt, könnte möglicherweise entdecken, daß er seine Hand gegen den Willen Gottes erhebt.

Ich, auf jeden Fall, werde meine Hand nicht erheben! Soll ich mich krampfhaft bemühen, die Kontrolle zu behalten, wenn es Gottes Wille wäre, daß ich von der Bühne abtrete?"

„Aber du weißt doch, daß Absalom auf keinen Fall König werden sollte!" sagte Abisai frustriert.

„Weiß ich das wirklich? Das weiß doch kein Mensch. Nur Gott weiß es, und er hat nichts dazu gesagt. Ich werde nicht darum kämpfen, König zu sein oder zu bleiben. Soll doch Gott heute nacht den Thron von mir nehmen, die Königsherrschaft und ..." Davids Stimme begann zu versagen, „und seine *Salbung*. Sein Wille ist mir wichtig, nicht seine Macht. Ich sage es noch einmal: Ich möchte in seinem Willen stehen. Das ist mir wichtiger als jede Führungsposition. Vielleicht braucht er mich nicht mehr."

„König David", ertönte eine Stimme hinter den beiden Männern.

„Ja? Oh, ein Bote. Worum geht es?"

„Um Absalom. Er möchte dich einen Augenblick sprechen. Er möchte dich um

Erlaubnis bitten, nach Hebron gehen zu dürfen, um zu opfern."

„David", sagte aufgeregt Abisai, „weißt du, was das bedeutet?"

„Ja, das weiß ich."

„Und du weißt, was er tun wird, wenn du ihn gehen läßt?"

„Ja."

David wandte sich an den Boten. „Sage Absalom, daß ich sofort komme."

David blickte noch ein letztes Mal auf die Stadt zu seinen Füßen. Dann wandte er sich ab und ging zur Tür.

„Wirst du ihn wirklich nach Hebron gehen lassen?" frage Abisai.

„Ja", sagte der größte aller Könige. „Ja, das werde ich."

Er wandte sich an den Boten. „Dieses ist eine dunkle Stunde für mich. Wenn ich mit Absalom geredet habe, werde ich mich zurückziehen. Veranlasse bitte, daß morgen einer der Propheten zu mir kommt. Oder einer der Schriftgelehrten. Oder vielleicht doch besser Zadok, der Hohepriester. Bitte ihn, nach dem Abendopfer zu mir zu kommen."

Abisai sagte leise voll Bewunderung: „Mein König, ich danke dir."

„Wofür?" fragte der König und wandte sich noch einmal unter der Tür um.

„Ich danke dir nicht für das, was du getan hast, sondern für das, was du *nicht* getan hast. Danke dafür, daß du *keine* Speere geworfen hast, daß du nicht gegen Könige rebelliert hast, daß du den, der über dir stand, nicht bloßgestellt hast, als er so verwundbar war, daß du das Reich nicht gespalten hast und daß du junge Absaloms, die den jungen Davids so ähnlich sehen, aber keine sind, nicht angegriffen hast."

Er machte eine Pause und fuhr dann fort: „Und danke, daß du gelitten hast und bereit warst, alles zu verlieren. Danke, daß du Gott freie Hand gelassen hast, deine Herrschaft zu beenden oder gar zu vernichten, wenn er es denn so wollte. Danke dafür, daß du uns allen ein Vorbild warst.

„Und danke", sagte er mit verhaltenem Lachen, „danke, daß du keine Hexen befragt hast."

KAPITEL 24

„Nathan!"

„Was ist? Ach, Zadok, du bist es!"

„Verzeih, daß ich hier eindringe, aber ich beobachte dich seit einigen Minuten. Du wolltest gerade den Thronsaal betreten, glaube ich, um den König zu sprechen, ja?"

„Ja, Zadok, das stimmt. Das hatte ich vor, aber ich habe mich eines Besseren besonnen. Der König braucht mich nicht."

„Ich bin enttäuscht, Nathan. Meiner Ansicht nach braucht dich der König ganz dringend. Er steht vor der größten Prüfung seines Lebens. Ich bin mir nicht sicher, daß er solch eine Prüfung wie diese so einfach bestehen kann."

„Er *hat* sie bereits bestanden, Zadok", entgegnete Nathan mit einer Gewißheit, die sich in der Festigkeit seiner Stimme niederschlug und ihn als Propheten Gottes auszeichnete.

„Die Prüfung bereits bestanden? Vergib mir, Nathan, aber ich weiß absolut nicht, wovon du sprichst. Diese Krise ist, wie du weißt, gerade erst in ihren Anfängen."

„Zadok, dein König hat *diese* Prüfung vor langer Zeit bestanden, als er noch jung war."

„Meinst du Saul? Das war aber doch etwas ganz anderes."

„Nein, überhaupt nicht. Das ist *genau* dasselbe. Es besteht kein Unterschied zwischen dem damaligen und heutigen Verhältnis Davids zu seinem Gott und auch kein Unterschied in seinem Verhalten den Männern gegenüber, die ihm damals vorstanden oder heute unterstehen. Es kann kein Unterschied bestehen. Niemals.

Umstände mögen sich verändern ... geringfügig verändern. Minimal verändern, möchte ich sagen. Aber das Herz ...! Das Herz ist immer dasselbe.

Zadok, ich bin immer dankbar dafür gewesen, daß Saul unser erster König war. Ich zittere bei dem Gedanken an die Schwierigkeiten, die er vielleicht in jungen Jahren unter irgendeinem anderen König verursacht hätte. Es gibt keinen Unterschied zwischen dem Menschen, der feststellt, daß er einen Saul in seinem Leben hat, und dem Menschen, der merkt, daß er einen Absalom in seinem Leben hat. In beiden Situationen hält sich das korrupte Herz in seinem Tun für ‚gerechtfertigt'. Die Sauls dieser Welt können keinen David erkennen, sondern sehen nur Absaloms. Die Absaloms dieser Welt können keinen David erkennen, sondern sehen nur Sauls."

„Und das reine Herz?" fragte Zadok.

„Das ist nun in der Tat etwas Seltenes. Wie gehen ein zerbrochenes Herz und ein zerbrochener Wille mit einem Absalom um? So wie sie mit einem Saul umgingen; Zadok, wir werden es ja bald sehen!

Wir beide hatten nicht das Vorrecht dabeizusein, als David seine Stunde mit Saul erlebte. Wir haben das Vorrecht dabeizusein, wenn er seine Stunde mit Absalom hat. Ich für meine Person beabsichtige, dieses Drama sehr genau zu beobachten. Ich erwarte nämlich, daß ich einige Lektionen lerne. Glaub mir, David wird sich auf seine Weise bewähren und die Prüfung mit Würde und Anstand bestehen, so wie er es in seiner Jugend bewiesen hat."

„Und Absalom?"

„Absalom?"

„In wenigen Stunden wird er vielleicht mein König sein. Ist es das, was du meinst?"

„Diese Möglichkeit besteht", antwortete Zadok mit einem Lächeln.

Nathan lachte. „Wenn Absalom den Thron besteigt, dann möge sich der Himmel über alle Sauls, Davids und Absaloms des Reiches erbarmen!"

„Meiner Schätzung nach wird unser junger Absalom einen hervorragenden Saul abgeben", fuhr Nathan fort, wandte sich ab und ging den langen Korridor hinunter.

„Ja. Einen hervorragenden Saul. Denn Absalom ist in jeder Weise, von Alter und Position abgesehen, bereits ein Saul."

KAPITEL 25

„Danke, daß du gekommen bist, Zadok."

„Mein König."

„Du bist ein Priester Gottes. Könntest du mir eine Geschichte von vor langer Zeit erzählen?"

„Welche Geschichte, mein König?"

„Kennst du die Geschichte von Mose?"

„Ja, die kenne ich."

„Erzähle sie mir."

„Sie ist lang. Soll ich dir die ganze Geschichte erzählen?"

„Nein, nicht alles."

„Welchen Teil denn?"

„Erzähle mir von Korahs Rebellion."

Der Hohepriester sah David an. Seine Augen brannten. David starrte ihn unverwandt an. Die beiden Männer wußten, worum es ging.

„Ich werde dir die Geschichte von Korahs Rebellion und von Moses Verhalten inmitten jener Rebellion erzählen.

Viele Menschen kennen die Geschichte von Mose. Er ist das größte Beispiel für einen Gesalbten des Herrn. Gottes wahre Herrschaft ruht auf einem Menschen, nein, vielmehr auf dem zerschlagenen und demütigen Herzen eines Menschen. Dort, wo Gott herrscht, braucht man keine Formalitäten und Regelwerke, sondern nur Menschen mit zerschlagenen und demütigen Herzen. So ein Mensch war Mose.

Korah war nicht so, obgleich er Moses Vetter ersten Grades war. Korah wollte die Autorität und Vollmacht, die Mose besaß. Eines Morgens erwachte Korah. Alles war friedlich. Es herrschte keinerlei Zwietracht unter dem Volk Gottes. Aber noch ehe der Tag verging, hatte Korah 252 Männer um sich geschart, die mit ihm eins waren in den Anschuldigungen gegen Mose."

„Es gab also Probleme im Volk, als Mose regierte?" fragte David.

„Wo es Königreiche gibt, gibt es immer Probleme", antwortete Zadok. „Immer. Und die Gabe, diese Probleme zu erkennen, ist wahrlich eine billige Gabe, über die viele verfügen."

David lächelte. „Aber Zadok, du weißt doch, daß es ungerechte Königreiche und ungerechte Herrscher gegeben hat und Menschen, die mit Täuschung und Lüge regiert haben. Wie kann der einfache Mensch auf der Straße unterscheiden zwischen Königreichen mit Fehlern, jedoch von Männern Gottes regiert, und Königreichen, die keine Unterordnung verdient haben? Wie kann man das wissen?"

David hielt inne. Ihm war klar, daß er auf den Kern der Frage gestoßen war, die ihn über alles interessierte. Mit klopfendem Herzen fragte er weiter, „Und der König? Kann er denn wissen, ob er zu Recht König ist? Ob die Anschuldigungen gegen ihn rechtens sind? Gibt es dafür bestimmte Zeichen?" David war beklommen.

„Du möchtest am liebsten eine Liste, die vom Himmel herabgelassen wird, David. Wenn es eine solche Liste gäbe, wenn man es also genau wissen könnte, dann würden böse Männer es so hinbiegen, daß ihre Königreiche der Liste entsprächen! Und selbst wenn ein guter Mensch die Voraussetzungen vollkommen und restlos erfüllen würde, dann gebe es noch immer diejenigen, die behaupten, er habe nicht eine einzige der darin aufgeführten Qualifikationen erfüllt. Du unterschätzt das menschliche Herz, David."

„Wie können es die Menschen denn sonst wissen?"

„Sie können es gar nicht wissen."

„Du meinst, inmitten von Hunderten von Stimmen und Tausenden von Behauptungen wird das einfache Kind Gottes keinerlei Gewißheit haben können wer wirklich dazu gesalbt wurde, in der Autorität Gottes zu stehen und wer nicht?"

„Sie werden sich nie sicher sein können."

„Wer kann es dann wissen?"

„Gott weiß es immer, aber er verrät es nicht."

„Gibt es also keine Hoffnung für diejenigen, die unwürdigen Männern folgen müssen?"

„Ihre Enkelkinder werden die Sache klar erkennen können. *Sie* werden es wissen.

Doch diejenigen, die in das Drama einbezogen sind, werden sich nie sicher sein können. Aber ein Gutes hat die Sache dennoch."

„Und das wäre?"

„So sicher wie die Sonne aufgeht, so sicher wird das Herz des Menschen geprüft werden. Trotz aller Behauptungen und Gegenbehauptungen – die verborgenen Motive im Herzen aller Beteiligten werden offenbar werden. Menschen mögen das für unwichtig halten. Aber in den Augen Gottes und der Engel ist das von zentraler Bedeutung. Das Herz muß offenbar werden. Gott wird dafür sorgen."

„Ich verabscheue solche Prüfungen", entgegnete David müde. „Ich hasse Nächte wie diese. Und doch scheint er viele, viele Dinge in mein Leben hineinzulegen, um mein Herz zu prüfen. Auch heute nacht ist mein Herz auf dem Prüfstand.

Zadok, eines plagt mich mehr als alles andere. Vielleicht hat Gott wirklich seine Hand von mir genommen. Gibt es nicht eine Möglichkeit, das herauszufinden?"

„Ich weiß von keinem anderen Herrscher in der Geschichte, der so eine Frage überhaupt gestellt hätte, mein König. Die meisten anderen Männer hätten ihren Gegner – und gäbe es ihn auch nur in ihrer Einbildung – inzwischen in der Luft zerfetzt. Aber um deine Frage zu beantworten, ich weiß auch nicht, wie du mit Sicherheit feststellen könntest, ob Gott seine Hand von dir genommen hat oder nicht."

David seufzte und hielt die Tränen zurück. „Fahre mit deiner Erzählung fort. Korah hatte also 252 Anhänger. Was geschah dann?"

„Korah ging mit seiner Truppe zu Mose und Aaron. Er konfrontierte Mose mit der Behauptung, daß Mose kein Recht habe, so viel Autorität auszuüben."

„Wir Hebräer haben uns nicht geändert, nicht wahr?" lachte David.

„Nein, das menschliche Herz ist noch immer dasselbe, David", entgegnete ihm Zadok.

„Sage mir, was hat Mose dem Korah geantwortet?"

„Mit vierzig Jahren war Mose ein arroganter Mann mit eisernem Willen. So wie Korah auch. Was er in dieser Situation mit vierzig getan hätte, kann ich nicht sagen. Mit achtzig war er ein zerbrochener Mann. Er war ..."

„Der sanftmütigste von allen Menschen", unterbrach ihn David.

„So sollte derjenige auch sein, der in der Autorität Gottes steht. Sonst lebt das Volk in Schrecken. Ja, ein zerbrochener Mann stand Korah gegenüber. Und ich denke, du weißt schon, was Mose tat, David. Er tat ... nichts."

„Nichts!? Was für ein Mann!"

„Er fiel auf sein Angesicht vor Gott. Mehr tat er nicht."

„Weshalb tat er das, Zadok?"

„David, eigentlich solltest du das wissen. Mose wußte, daß er von Gott allein über Israel gesetzt war. Er brauchte nicht zu handeln. Diese 253 Männer würden das Reich an sich reißen – oder aber Gott würde Mose bestätigen. Das wußte Mose."

„Solch ein Leben nur zu imitieren, muß doch fast unmöglich sein, oder nicht? Kann solch eine Hingabe nur Täuschung sein? Sage mir, wie hat Gott Mose bestätigt?"

„Mose sagte den Männern, sie sollten am nächsten Tag mit Räucherpfannen und Räucherwerk wiederkommen und Gott würde die Sache entscheiden."

„Aha!" rief David aus und noch einmal, etwas lauter. „Aha! Gott verrät also doch manchmal, was los ist. Was geschah dann?"

„Korah und zwei seiner Freunde wurden vom Erdboden verschluckt. Die anderen 250 starben durch ..."

„Egal! Mir reicht es zu hören, daß bestätigt wurde – und zwar von Gott selbst bestätigt wurde –, daß Mose der Bevollmächtigte war! Gott hat es also doch verraten! Die Menschen sahen, wer wirklich Autorität und Vollmacht von Gott hatte. Dann hatte Mose endlich Ruhe."

„Nein, David. Er hatte keine Ruhe, und die Menschen gaben sich nicht mit Gottes Antwort zufrieden! Am nächsten Tag murrte die ganze Versammlung gegen Mose, und sie wären beinahe alle umgekommen, wenn Mose nicht für sie gebetet hätte."

„Und da kämpfen Menschen, um die Königsherrschaft zu erringen!" David schüttelt verwirrt den Kopf.

Zadok machte eine Pause, fuhr dann aber fort. „David, mir ist bewußt, daß dich die Frage zermürbt, was echte Autorität ist und was nicht. Du möchtest wissen, was man im Falle einer Rebellion tun sollte, wenn es sich tatsächlich um Rebellion handelt und nicht um die Hand Gottes. Ich glaube, du wirst erkennen, was recht ist, und wirst es auch tun. Das wird uns allen ein Vorbild sein."

Die Tür flog auf und Abisai stürzte herein. „Mein König, dein Sohn, dein eigen Fleisch und Blut, hat sich in Hebron zum König gemacht. Mein erster Eindruck ist, daß ganz Israel zu ihm übergelaufen ist. Er plant, den Thron zu besteigen. Er marschiert auf Jerusalem zu. Einige deiner engsten Mitarbeiter sind zu ihm übergelaufen."

David ging ein wenig beiseite. Er sprach leise vor sich hin, damit es die anderen nicht hörten. „Ist er der dritte König über Israel? Kommen wahre Führungspersönlichkeiten im Reich Gottes so an die Macht?"

Vorsichtig, weil er sich nicht sicher war, ob er die Worte Davids hören durfte oder nicht, setzte Zadok an. „Mein König!?"

David wandte sich mit Tränen in den Augen ihm zu und sagte leise: „Endlich, endlich klärt sich die Sache auf. Noch jemand außer Gott wird es vielleicht schon morgen wissen."

„Vielleicht", sagte Zadok, „aber vielleicht auch nicht. Solche Fragen können selbst nach unser aller Tod noch offen bleiben."

„Nun, das könnte ja bereits morgen sein", sagte David lachend. „Geh, Abisai, sage es Joab. Du findest ihn am Ostteil der Mauer im Türmchen."

Abisai entfernte sich so, wie er gekommen war – eilig und voll Zorn.

„Zadok, ich frage mich, ob ein Mensch Gott in eine Position hineindrängen kann, wo er es verraten muß", sinnierte David.

KAPITEL 26

Abisai eilte über den Hof, stürzte durch die offene Tür am Fuß des Ostwalls und rannte die Wendeltreppe hinauf. Joab, der oben an der Treppe stand, starrte auf Abisai herab, ergriff eine Fackel und eilte ihm entgegen.

Im flackernden Licht trafen sie aufeinander und starrten sich gegenseitig an. Abisai sprach als erster.

„Hast du gehört, Joab?"

„Gehört? Es ist Mitternacht, aber die ganze Stadt ist hellwach und spricht darüber. Wie kann es nur angehen, Abisai! Der Sohn wider den Vater!"

„Wenn ein Königreich verwundbar ist, kommen den Menschen merkwürdige Dinge in den Sinn", sagte Abisai und starrte ins Leere.

„Und sie werden alles opfern, um ihren Ehrgeiz zu befriedigen", setzte Joab zornig hinzu. „Was sagst du dazu, Abisai?"

„Was ich dazu sage?" sagte Abisai. Er war genauso zornig wie Joab. „Absalom hat keinerlei Autorität im Reich. Er hat keinerlei Macht, kein Amt, und doch hat er sich erhoben, um das Reich zu spalten. Er hat seine Hand wider den Gesalbten des Herrn erhoben – gegen David, der kein einziges böses Wort gegen ihn gesagt und ihm nichts Böses getan hat."

„Was ich dazu sage?" Abisais Stimme überschlug sich fast. „Folgendes: Wenn Absalom, der keine Autorität im Reich hat und ein Nichts ist, sich *jetzt* erhebt, um das Reich Gottes zu spalten, dann frage ich mich, was wird er tun, wenn er erst *König* geworden ist?"

KAPITEL 27

David und Zadok waren wieder allein.

„Und was wirst du jetzt tun, David? Als du jung warst, hast du kein böses Wort gegen den unwürdigen König gesprochen. Was wirst du jetzt mit diesem ebenso unwürdigen jungen Mann tun?"

„Wie ich bereits sagte", antwortete David, „solche Zeiten hasse ich mehr als alles andere, Zadok. Ungeachtet dessen, was mir die Vernunft sagt, werde ich als erstes mein Herz prüfen und seine Interessen außen vor lassen. Ich werde das tun, was ich unter Saul tat. Ich werde das Schicksal des Reiches Gott überlassen. Es mag ja sein, daß er mich verworfen hat. Vielleicht habe ich zu sehr gesündigt und bin es nicht mehr wert, dem Reich vorzustehen. Gott allein weiß, ob es sich so verhält, und es scheint mir, als werde er nicht sagen, ob es wirklich so ist."

Dann ballte er die Fäuste und sagte mit Nachdruck, aber auch mit einem Anflug von trockenem Humor: „Heute werde ich den Umständen freien Lauf lassen, damit wir diesem unserem Gott auf die Schliche kommen. Ich kenne keine andere Möglichkeit, ein solch außergewöhnliches Ereignis heraufzubeschwören, als dadurch, daß ich rein *gar nichts* tue! Der Thron gehört mir nicht. Ich kann ihn nicht besitzen, nicht ergreifen, nicht schützen, nicht behalten.

Ich werde die Stadt verlassen. Der Thron gehört dem Herrn. Das Königreich ebenso. Ich werde Gott kein Hindernis sein. Gott und Sein Wille werden durch mein Handeln nicht behindert werden. Nichts kann Gott von der Durchsetzung seines Willens abhalten. Wenn ich nicht mehr König sein soll, dann wird unser Gott keine Schwierigkeiten haben, Absalom zum König über Israel zu machen. Die Möglichkeit dazu bietet sich jetzt. Gott soll und wird Gott sein!"

Der wahre König wandte sich um und ging aus dem Thronsaal, hinaus aus dem Palast, hinaus aus der Stadt. Er ging und ging und ging ...

Hinein in das Leben all derer, die reinen Herzens sind.

Nun, lieber Leser,

die Zeit ist gekommen, Abschied zu nehmen. Ich überlasse dich jetzt deinen eigenen Gedanken und der Prüfung der verborgenen Beweggründe deines Herzens.

Sei der Gnade Gottes anbefohlen.

Ich würde mich freuen, wenn wir uns durch die Gnade Gottes einmal wieder begegnen würden.

Gene Edwards

wurde in Texas geboren, wo sein Vater einer jener rauhen Arbeiter auf den Ölfeldern war. Während seiner ersten College-Jahre bekehrte er sich zu Jesus Christus. Bereits im Alter von achtzehn Jahren schloß er an der East Texas State Universitiy in Commerce sein Studium der Englischen Literatur und Geschichte ab. Daran anschließend verbrachte er ein weiteres Studienjahr am Baptistenseminar in Ruschlikon, Schweiz. Seinen Magister in Theologie erwarb er im Alter von 22 Jahren am Theologischen Seminar des Southwestern Baptist Seminary in Ft. Worth, Texas. Zehn Jahre lang diente er als Pastor der Southern Baptist Gemeinden, später als einer ihrer Evangelisten. Er und seine Frau Helen haben sich in New England niedergelassen. Sein derzeitiger Dienst umfaßt Konferenzen und Predigtdienste, bei denen er insbesondere über das Leben in einer tiefen Verbindung zu Jesus Christus und über das Leben als Christ im praktischen Erfahrungsbereich der Gemeinde spricht.